# face a face

## Jornalismo de opinião em tempos de bolsonarismo

Juremir Machado da Silva

# face a face

## Jornalismo de opinião em tempos de bolsonarismo

Editora Sulina

Capa: Humberto Nunes
Projeto gráfico e editoração: Cristiano Marques
Revisão: Álvaro Nunes Larangeira
Editor: Luis Antonio Paim Gomes

Dados Internacionais de Catalogação na Publicação (CIP)
Bibliotecária Responsável: Denise Mari de Andrade Souza – CRB 10/960

S586f Silva, Juremir Machado da
Face a face: jornalismo de opinião em tempos de bolsonarismo / Juremir Machado da Silva. -- Porto Alegre: Sulina, 2025.
223 p. ; 14x21cm.

ISBN: 978-65-5759-239-7

1. Jornalismo. 2. Sociologia. 3. Comunicação. 4. Mídia – Brasil. I. Título.

CDU: 070
316.77
CDD: 070


EDITORA MERIDIONAL LTDA.

Rua Leopoldo Bier, 644, 4º andar – Santana
CEP: 90620-100 – Porto Alegre/RS
Fone: (0xx51) 3110.9801
www.editorasulina.com.br
e-mail: sulina@editorasulina.com.br

Setembro/2025
Impresso no Brasil / Printed in Brazil

*A lucidez pressupõe a resistência aos movimentos do ódio e ao culto da fatalidade.*

Albert Camus

# Sumário

## 2019

## 2020

## 2021

# Apresentação

# Teoria da trincheira

Machado de Assis escreveu em 1859: "Houve uma coisa que fez tremer as aristocracias, mais do que os movimentos populares; foi o jornal. Devia ser curioso vê-las quando um século despertou ao clarão deste fiat humano; era a cúpula de seu edifício que se desmoronava". Disse um pouco mais: "Com o jornal eram incompatíveis esses parasitas da humanidade, essas fofas individualidades de pergaminho alçado e leitos de brasões. O jornal que tende à unidade humana, ao abraço comum, não era um inimigo vulgar, era uma barreira... de papel, não, mas de inteligências, de aspirações. É fácil prever um resultado favorável ao pensamento democrático". Nada mais justo. A primeira vítima dos tempos sombrios, porém, é esse jornalismo que incomoda oligarquias.

Ao longo da história republicana do Brasil, jornais escolheram lado, nem sempre o mais iluminado: ficaram contra Getúlio Vargas, em 1954; com João Goulart, em 1961; contra Jango, ao lado do golpe militar, em 1964, à exceção da Última Hora, de Samuel Wainer. Depois da redemocratização de 1989 um novo tempo parecia se consolidar. Até que surgiu no horizonte uma figura caricata, aparentemente sem qualquer chance de subir ao topo, que, impulsionada pela atmosfera criada pela Operação Lava Jato, de combate com métodos próprios à corrupção, como se saberia mais tarde, apoiada pela mídia e em conluio com parte dela, cresceu a ponto de tornar-se uma ameaça. Jair Bolsonaro, o capitão de muitas malícias e, conforme seus críticos mais frontais, de proximidade com milícias, chegaria à presidência da República numa espécie de remake da Guerra Fria: o bem contra o mal, a liberdade e a religião contra o comunismo, etc.

Parte da mídia, que deveria fazer tremer esse político de tiradas misóginas, homofóbicas e racistas, considerado do "baixo clero" da Câmara dos Deputados, ajoelhou-se. Afinal, ele encarnava a possibilidade de encerramento de um ciclo da esquerda no poder, só interrompido pelo impeachment de Dilma Rousseff, com cheiro, gosto, jeito e artifícios de golpe, o que levou o seu vice, Michel Temer, a um mandato-tampão. Valeria por muito tempo a teoria da trincheira: estar dentro para dizer o possível e o fundamental, mesmo não podendo dizer tudo e nunca dizendo o que não se pensa, nem o que o patrão gostaria que se pensasse. Isso se chama jornalismo de opinião.

Jornalismo e censura podem se confundir em momentos extremos. O bolsonarismo foi um desses extremos devastadores no século 21. Liberdade de expressão, segundo velhos jornalistas desiludidos, pode ser só a autorização provisória dada pelo patrão para que um jornalista opine até que isso contrarie demais os interesses da empresa. No conjunto, no entanto, a verdade tende a se impor pela pluralidade de emissores. Houve quem definisse essa época como neofascista. Censura, no meio jornalístico, é quando um material não é publicado ou veiculado pelas ideias que contém. Empresas alegam que se trata simplesmente de proteção da linha editorial do veículo. Quem tem um texto vetado por suas ideias sente-se censurado e rumina tristezas.

Jornalistas formados na escola clássica veem a ideia de que a isenção é impossível e que a verdade é relativa como astúcias, fortemente propagadas até pela esquerda, para considerar todo mundo como militante. Entendem que é mais complexo e que o mais importante é a independência e a honestidade intelectual. O militante defende causas verdadeiras até com argumentos falsos, enquanto o jornalista choca-se até com causas verdadeiras quando os argumentos usados em defesa delas são falsos. O militante racionaliza, justifica, omite, encobre, cobra do oponente o que relativiza nos seus. O jornalista expõe a contradição, a inconsistência e a mentira de qualquer um.

Diante do quadro que se esboçava, eu passaria a postar no Facebook, sob a "cartola" (título de seção) *Face a Face*, "impertinências" (de textos integrais rejeitados a fragmentos condenados, frases sem futuro, artigos sobre temas fadados à devolução, crônicas com ideias que me pareciam essenciais, mas que dificilmente passariam na mídia mainstream, e outros materiais de ocasião). Nada devia se perder, tudo podia ser transformado, ampliado, reformatado ou simplesmente escrito para publicação paralela, pois já se estava numa luta pela democracia. Estes textos políticos podem dar uma ideia de compactação por terem a unidade da margem e do momento. No conjunto dos meus escritos, porém, continuaria predominando a pluralidade de focos. Cedo foi possível perceber que o bolsonarismo continha a semente do autoritarismo, saudoso da ditadura midiático-civil-militar de 1964, e que tentaria um golpe, se achasse necessário, para se manter no poder. Lutar contra ele com as armas da palavra seria uma obrigação ética.

Esta coletânea pode servir para quem quiser entender o jornalismo num dos momentos mais tristes da história recente do Brasil. O jornalismo aplaudido por Machado de Assis deve ser o ideal a perseguir. Há razão no clichê: sem jornalismo não há democracia. Jornalismo é a expressão do contraditório, a defesa do pluralismo, ouvir o famoso outro lado, fazer escolhas e hierarquizações a partir de critérios explícitos e sustentáveis, comprometer-se pela democracia em momentos ameaçadores. O jornalismo nunca se torna anacrônico. O seu papel, mesmo em tempos virtuais, ainda é o mesmo destacado por George Orwell: publicar o que alguém gostaria de esconder. Apurar, checar, contextualizar, explicitar, revelar, explicar, informar. Há também o jornalismo de opinião, que deve se balizar pela capacidade argumentativa sincera para gerar convencimento e consequências. Um mesmo veículo deve ter opiniões diversificadas.

Jornalismo é fazer o possível dentro do impossível, o impossível em condições adversas. Em 1939, Albert Camus teve censurado um texto intitulado "Os quatro pilares da imprensa livre". Nobel de Literatura de 1957, Camus praticou um jornalismo de resistência. Para ele, um jornalista livre, em tempos sombrios, deve amparar-se na lucidez, na ironia, na capacidade de dizer não (recusas) e na obstinação (perseverança).

Camus sustentou: "A lucidez pressupõe a resistência aos movimentos do ódio e ao culto da fatalidade". Alertou: "Em face da maré de besteiras, é preciso igualmente opor algumas recusas. Nenhuma das limitações do mundo leva um espírito um pouco limpo a aceitar ser desonesto". Ironizou: "Podemos estabelecer que, em princípio, um espírito que tem gosto e os meios para impor limitações é impermeável à ironia". Concluiu: "A ironia permanece como uma arma sem precedentes contra os poderosos demais. Ela completa a recusa na medida em que permite não rejeitar o que é falso, mas muitas vezes dizer o que é verdadeiro". Sem perseverança, o jornalista sucumbe. "Não são poucos os obstáculos à liberdade de expressão. Não são os mais graves deles que poderão desencorajar um espírito", ensinou. O seu alerta permanece válido: "É preciso reconhecer, porém, que há obstáculos desencorajadores: a constância na tolice, a covardia organizada, a ininteligência agressiva". Ser jornalista é crer na missão abraçada.

O bolsonarismo foi o vírus mais devastador dos últimos 40 anos. Carregava e carrega o germe do ódio, do golpismo e da exclusão do diferente. Tive uma demonstração de como tudo seria num governo bolsonarista quando, ainda em 2018, fui impedido de fazer perguntas ao candidato Jair Bolsonaro. Antes, eu havia enfrentado Bolsonaro em longa entrevista disponível no YouTube. Censurado, pedi demissão no ar daquele espaço. Quando penso nesses tempos tristes, fico acabrunhado. Não éramos heróis. Não havia vilões. Éramos jornalistas tentando fazer o possível num momento impossível, acreditando na importância quase ingênua de continuar. Explorávamos contradições e frestas, apoiando-nos em alianças, afetos e convergências. As restrições e cuidados vinham sempre de cima, enquanto a nossa missão, no âmago, talvez com alguma pompa juvenil guardada dos anos universitários, era lutar contra a nova barbárie.

Dedico este livro a meus colegas jornalistas que tombaram ou sobreviveram a esses tempos sombrios, os mais tenebrosos depois da redemocratização do país. Admiro quem, com dignidade, lucidez, resistência e perseverança, ainda preserva as suas trincheiras. Bravo! O jornalismo de contrabando ajudou a derrubar o bolsonarismo.

# 2018

# Eu acuso

Cento e vinte anos depois do grito de Emile Zola, eu acuso o juiz Sérgio Moro de encarniçamento contra Lula em nome de um projeto de brilho pessoal. Eu acuso Moro de querer aparecer e de forçar instituições a partir de uma visão ideológica seletiva. Eu acuso Sérgio Moro de ter sido investigador, acusador e juiz. Eu o acuso de, contrariando o princípio de distanciamento do julgador, ter formado equipe com o Ministério Público e a Polícia Federal, apoiado por parte da mídia, para desequilibrar o jogo político brasileiro. Eu acuso o judiciário, numa das suas diversas ramificações, de parcialidade, subjetivismo e tendenciosidade, tendo, como prova dessa seletividade, deixado até hoje livre, sem ter mais foro privilegiado, por fatos ocorridos há 20 anos, condenado em segunda instância, no conveniente aguardo de demorado julgamento de embargos, o grande tucano Eduardo Azeredo, pai dos mensalões e ex-governador de Minas Gerais. Só no próximo dia 24 de abril, pressionado pelos acontecimentos atuais, acontecerá o julgamento do recurso de Azeredo. Será preso ou esperará em liberdade o exame dos embargos dos embargos que deverá interpor?

Eu acuso o Supremo Tribunal Federal de ter descumprido clamorosamente a Constituição Federal, que prevê no inciso XVII do seu artigo 5º a culpabilidade só depois do trânsito em julgado, como qualquer pessoa alfabetizada pode ler e compreender. Eu acuso o ministro Luís Roberto Barroso, num arroubo de demagogia jurídica, de ter confessado publicamente que descumpriria a Constituição, em função de um duvidoso conceito de mutação, por considerá-la superada no item em questão e incapaz de corresponder às expectativas atuais da sociedade. Eu acuso o judiciário de condenar sem provas, com base em construções claudicantes como a teoria do domínio do fato e a teoria da cegueira deliberada, em nome de um punitivismo messiânico. Eu acuso o messiânico procurador Deltan Dallagnol de confundir ilações com fatos e de comportar-se como um iluminado salvador de consciências.

Eu acuso o Senado de manter Aécio Neves nos seus quadros apesar da fartura de provas contra ele, que, além de tudo, quebrou de todas as formas o decoro. Eu acuso o STF de dois pesos e duas medidas, tendo afastado Eduardo Cunha do cargo, só depois de ele ter convenientemente conduzido o impeachment da presidente Dilma Rousseff, e não ter sustentado a mesma posição em relação a Renan Calheiros e Aécio Neves. Eu acuso o STF de permitir a prisão de um homem a partir de provas sobre as quais pairam dúvidas e de manter como senador um homem sobre o qual pesam provas robustas. Eu acuso o STF de ambiguidade, hipocrisia, conveniência e seletividade ideológica. Se podia afastar Eduardo Cunha, sem autorização parlamentar, podia fazer e manter o mesmo quanto a Aécio. Eu acuso a ministra Carmen Lúcia, presidente do STF, de ter se acovardado no caso de Calheiros, soltado Aécio e atropelado a ordem jurídica para apressar a prisão de Lula.

Eu acuso a Câmara dos Deputados de manter na presidência da República, depois de ter derrubado uma presidente eleita pelo voto popular com base num forjado crime de responsabilidade jamais antes caracterizado como tal, um político asfixiado por provas acachapantes de malfeitos sob pretexto de que seria nocivo para o país ter uma nova troca de comando. Eu acuso todas as instâncias de jamais terem querido levar adiante investigações sobre as denúncias de compra da emenda constitucional que permitiu a reeleição de Fernando Henrique Cardoso. Eu acuso o STF de deixar convenientemente prescrever ações contra Romero Jucá e outros que tais. Eu acuso Michel Temer de ter usado emendas parlamentares para cabalar votos capazes de mantê-lo no poder.

Eu acuso o general Villas-Boas de ter feito uma declaração golpista para intimidar o STF às vésperas do julgamento do HC do ex-presidente Lula. Eu acuso a Rede Globo de ter usado a declaração do general para assustar a população e pressionar os ministros do Supremo. Eu acuso a ministra Rosa Weber de covardia e falsa coerência, tendo votado manifestamente contra a sua confessada convicção por entender que se tratava de caso concreto e não da regra do jogo quando os demais ministros tratavam do princípio geral e não da concretude. Eu acuso a ministra Carmen Lúcia de ter pautado o julgamento de um caso concreto com uma regra sob suspeita e rejeitada publicamente pela maioria do pleno do STF. Eu acuso ministros do STF de julgarem para a torcida e não em conformidade com a clareza do texto legal, pisoteando a Constituição Federal e o artigo 283 do Código de Processo Penal.

Eu acuso o TRF-4 de celeridade ideológica, tendo apressado o julgamento de Lula e a autorização em tempo recorde da sua prisão não por virtude, o que seria louvável, especialmente se a celeridade fosse padronizada, mas por paixão e ideologia. Eu acuso parte da sociedade brasileira de fomentar o ódio ideológico, usando o combate à corrupção como pretexto para a aniquilação do oponente. Eu acuso parte dos que fomentam o ódio ideológico a Lula de odiar principalmente as políticas sociais acertadas dos seus governos. Eu acuso o judiciário de ter apressado os seus ritos para tirar Lula das eleições de 2018 por sentir que ele seria eleito. Eu acuso o STF de legislar vergonhosamente, atropelando um legislativo acovardado e corrompido.

Eu acuso o judiciário de ter prendido Paulo Maluf, aos 87 anos de idade, para simular uma universalidade que não pratica de fato, pavimentando o caminho para a prisão de Lula. Eu acuso quem de direito de ter prendido o tucano Paulo Preto no mesmo dia em que deveria ocorrer o encarceramento de Lula para criar a ilusão de que não há seletividade e de que todos os procedimentos evoluem com o mesmo dinamismo. Eu acuso Moro de ter condenado Lula no caso Triplex sem provar qualquer contrapartida objetiva, direta, não genérica, com meios públicos, ao suposto favor recebido. Não defendo Lula, não sei se ele é inocente ou culpado, acuso os seus acusadores de não terem provado que as suas "provas" são boas provas. Acuso a elite brasileira de tolerar Temer no poder por ele ter oferecido, antes de praticar o seu golpe, a sua artimanha para chegar ao poder sem votos, um programa ultraliberal capaz de anular os avanços sociais da era Lula. Acuso a parte mais radical do elitismo brasileiro de querer conduzir o país de volta à escravidão, a escravidão por outros meios tecnológicos.

Eu acuso Moro de legislar. Acuso o STF de julgar sem princípios gerais, por conveniência, caso a caso, sem respeito à Constituição. Eu acuso o STF de consagrar o lugar-comum: a constituição é o que ele diz que é, não o que nela está escrito. Eu acuso especialistas de dissimularem suas preferências ideológicas como discursos de autoridade, vomitando subjetividade com palavrório enganoso. Eu acuso parte do Brasil de promover uma vingança contra o intruso, o "quatro dedos", o retirante, o "analfabeto", o "menas", o operário que governou, em muitos aspectos, melhor que os bacharéis, tendo produzido, apesar da limitação dos seus feitos, das contradições, dos erros e dos delitos no seu entorno, um dos melhores, ou menos piores, períodos para a parte menos aquinhoada deste país de canibais. Eu acuso as instituições do dispositivo policial-judicial de consagrarem um novo ditado: mais fácil um camelo passar pelo buraco de uma agulha do que um grande tucano ser preso. Logo haverá exceção para confirmar a regra. Eu acuso parte da mídia, sempre tão falsamente sensata, de querer tirar de Lula até o direito de se sentir injustiçado. Eu acuso os paneleiros de seletividade ideológica e indiferença à corrupção.

*07/04*

# Uns e outros

Somos milhões de uns. Somos também milhões de outros. Uns dançam. Outros bailam. Uns assobiam. Outros chupam cana. Uns fazem. Outros acontecem. Uns criam. Outros editam. Uns vão para a cadeia por indícios. Outros ficam no Senado com fartura de provas. Uns vão em cana. Outros vão para as Minas e Energia. Uns são derrubados graças a pretextos tirados de velhas e sujas cartolas. Outros são empossados de fraque e estola por terem conspirado pregando moral de cueca. Uns vão para casa com votos. Outros vão para o Planalto sem o aval das urnas. Uns têm foro privilegiado. Outros têm o fórum e os tribunais à disposição para ser condenados. Uns traficam recursos públicos. Outros têm embargos negados. Uns fazem a lei. Outros mudam as leis que não podem fazer. Uns fazem programas. Outros têm programa. Uns compram no mercado. Outros se vendem.

Somos milhões de uns. Somos milhões de outros. Uns exploram os outros. Uns ganham mesmo quando perdem. Outros são expulsos do jogo para que não ganhem. Uns votam por convicção. Outros decidem por colegialidade. Uns votam por princípios. Outros se escondem nos casos concretos tratados como abstração. Uns dizem o que a massa pode ver. Outros só veem o que não lhes é escondido. Uns caem e são odiados pelo melhor que fizeram. Outros sobem e são tolerados para reinstalar o pior. Uns a gente derruba. Outros a gente não deixa voltar. Uns batem panelas quando interessa. Outros tapam os ouvidos para não explodir. Uns fecham a janela e cozinham quando a coisa ferve no lado de fora. Outros não têm panela para colocar no fogo. Uns elogiam a coerência da rosa em horário nobre e nacional. Outros revelam a sua incoerência anterior sem conseguir agendamento na mídia global. Uns perseguem. Outros são perseguidos. Uns perseguem e depois acusam o perseguido de vitimização. Uns mamam. Outros secam. Uns calam. Outros se ralam.

Uns são pegos na Lava Jato. Outros partem livres nos seus jatos. Uns delatam. Outros têm algum recato. Uns pagam e inflam o pato. Outros são jogados no mesmo balaio de gatos. Uns dizem que apenas relatam. Outros recebem a versão dos fatos. Uns transitam sem julgamento. Outros não merecem que se espere o trânsito em julgado. Uns odeiam os outros. Uns têm auxílio-moradia e camarotes. Outros não têm casa para morar nem apoio para sonhar com um teto. De uns se fala. Para outros não se acha lugar na pauta. Uns são malas. Outros são mulas. Uns vivem na corte suprema. Outros morrem antes da primeira instância. Uns recorrem ao latim para enrolar os que se defendem no português. Outros projetam aprender inglês na esperança de um futuro melhor. Uns juram que não mentem, no máximo omitem. Outros querem apenas saber a verdade. Uns rasgam a Constituição em nome da legalidade e do combate à impunidade. Outros são assassinados a tiros por denunciar condenações sumárias à morte e esculachos da sorte e de autoridades.

Somos milhões de uns. Somos milhões de outros. Uns são poucos e podem muito. Outros são muitos e podem pouco. Uns vivem e gozam. Outros resistem e provam o pão que a justiça messiânica amassou. Quem se interessa por isso?

*10/04*

# Passo a passo

Primeiro a gente tira a Dilma com um pretexto qualquer. Depois a gente prende o Lula para ele não ganhar as eleições, mesmo que para tanto se tenha de alterar o maldito conceito de prova. Enquanto se faz isso a gente mantém o Temer na presidência para que ele vá fazendo o serviço sujo de ferrar a plebe com a reforma trabalhista e, se possível, a reforma previdenciária e algumas privatizações. Foda-se que tenha muita denúncia de corrupção contra o Michel. A gente mata no peito do Marun. Se o STF não atrapalhar a gente mantém o Aécio no Senado, pois, apesar das cagadas que ele faz, é dos nossos, gente de bem. O Jucá se vira por conta própria. O próprio Michel se encarrega de proteger os seus com ministérios garantindo o foro privilegiado.

Primeiro a gente cria um clima messiânico de combate à corrupção com ajuda da mídia amiga sempre craque na manipulação do imaginário da classe média. Depois, quando a coisa virar contra o nosso lado, a gente diz que está cansado de polarização e só quer pacificar o país. Primeiro a gente prende o Paulo Maluf, mesmo doente e caquético, e os amigos do Michel, por poucos dias, para mostrar que não há seletividade. Depois a gente acusa de teoria da conspiração quem tentar desmascarar o nosso truquezinho. Primeiro a gente denuncia o aparelhamento do STF pelo PT. Depois a gente colhe os votos de alguns ministros da corte determinados a provar que são independentes. Os demais a gente atira aos leões como defensores da impunidade.

Primeiro a gente persegue e inferniza a vida do cara. Depois a gente critica a sua estratégia de vitimização. Primeiro a gente detona tudo o que eles fizeram e garante que eles quebraram o país. Depois a gente desmonta o que for possível. Primeiro a gente dizima o lado deles. Depois, se for necessário, a gente entrega algumas cabeças podres, como a do Paulo Preto e talvez a do Eduardo Azeredo, para mostrar o quanto somos republicanos e legalistas. Primeiro a gente defende o Estado mínimo. Depois a gente suga dele o mais que puder.

Primeiro a gente bota fogo no circo. Depois a gente critica a radicalização da esquerda. Primeiro a gente diz que não existem mais ideologias. Depois a gente os chama de comunistas e manda todos para Cuba que os pariu. Primeiro a gente conta com um general para fazer uma ameaça de golpe e encagaçar o Supremo. Depois a gente faz discursos sobre a necessidade de tolerância e de respeito à democracia. Primeiro a gente reescreve a Constituição conforme as necessidades da opinião pública incendiada por nós. Depois a gente exige respeito total à literalidade sagrada da nossa Carta Magna.

Enfim, primeiro a gente condena a esquerda cretina. Depois a gente solta rojões na esquina e jura que não é de direita. Primeiro a gente deixa o Bolsonaro crescer e semear o pavor. Depois a gente entra na arena falando macio e pregando moderação. Primeiro a gente diz que não quer Estado mínimo, mas Estado necessário. Depois a gente decide que o Estado é desnecessário, salvo para garantir a repressão. Mas só parte dela, pois privatizar a segurança pode dar um lucro bacana.

*11/04*

# “Bandido” no Planalto

Estou confuso. É meu estado natural. O Ministério Público avisa que tem um “bandido” na presidência da República. Ninguém toma providências. Os homens de bem alegam que é melhor deixar assim por enquanto, pois mexer com o presidente causaria instabilidade no país. Não quero ser leviano nem precipitado. Reproduzo as palavras dos procuradores. Segundo eles, a atuação criminosa do coronel “laranja” Lima é “indispensável para seus objetivos escusos, o que não se pode permitir, e que há grave e concreto risco de reiteração de condutas criminosas por Lima, em benefício da organização criminosa, em especial, seu líder, Michel Temer”. Uau! O presidente da República é rotulado de líder de organização criminosa pelo MP e nada acontece.

Lideranças políticas bocejam: depois a gente vê isso, não há pressa – dizem. Depois quando? Quando Temer não for mais presidente. Nesse caso, deixa-se o “bandido” governar e depois se verifica se ele é de fato criminoso. Se for, ninguém poderá dizer que não sabia. Todos foram avisados e preferiram adotar um comportamento protelatório. Serão todos responsabilizados como cúmplices? Por que os movimentos de combate à corrupção não tomam as ruas batendo panelas, vestidos de amarelo, para exigir que a procuradora-geral da República apresente uma terceira denúncia contra Temer? Por que não cercam a Câmara dos Deputados exigindo uma imediata investigação? Por que silenciam?

Por que o STF, que afastou Eduardo Cunha da presidência da Câmara dos Deputados, não se movimenta num arroubo de preenchimento das lacunas constitucionais? Por que o general Villas-Boas não tuíta alguma coisa? Por que o ministro Luís Roberto Barroso não escreve alguma norma moralizadora baseado numa mutação constitucional só percebida por ele? O MP alerta que o “bandido” quer se reeleger para ficar a salvo da justiça. Vão deixar? Bem, talvez o perigo, dada a impopularidade do suspeito, seja muito pequeno. Mais fácil o juiz Sérgio Moro soltar Lula que Temer ser eleito presidente da República.

Se o presidente não for criminoso, hipótese a ser considerada, o que dirá o MP? Pedirá desculpas? Responderá por ter desonrado um presidente da República? Jogará a culpa de uma absolvição para a justiça? Dirá que são ossos do ofício? Por que os amigos do suposto líder da organização criminosa estão soltos se o MP vê perigo de que continuem a cometer os crimes que lhes são imputados? Por que não ficam presos para que venham a querer fazer uma delação premiada? Ou será para evitar essa tentação que ficam soltos? Não posso acreditar.

Se tem um bandido dentro da minha residência, o que faço: chamo a polícia ou digo que ao menos tem alguém cuidando da casa? Peço que não se faça coisa alguma para evitar que algum móvel seja danificado? Não prejulgo. Não condeno. Apenas questiono: desta vez não se deve levar o MP a sério? Um "bandido" no poder é menos grave que um "bandido" depois do poder? Se uso essas palavras, bandido ou criminoso, é por seguir a leitura feita pelo Ministério Público.

*12/04*

# Algumas coincidências

Apenas quatro presidentes do país foram identificados com interesses populares. Os dois primeiros, oriundos das classes abastadas, foram sacrificados como traidores da classe. Um foi empurrado ao suicídio, o que só aumentou a sensação de traição, e o outro acabou derrubado e obrigado ao exílio voluntário. Os dois últimos completaram o quadro: um presidente vindo do nada, retirante cuja família migrou para fugir da fome, e uma presidente de classe média, que seria apeada do poder por ter cometido o hediondo crime de adiantar o pagamento de benefícios sociais e de financiamentos ao agronegócio com dinheiro, que seria reembolsado, de bancos públicos.

Chama a atenção na história do presidente mais popular, chamado de analfabeto, que ele governou melhor do que os doutores. Terminou no auge da popularidade, com 80% de aprovação. Nunca os mais pobres viveram tão bem, nunca os não brancos conseguiram tantas vagas nas universidades, nunca os mais vulneráveis ascenderam tanto, ainda que fosse pouco, nunca viajaram tanto de avião, nunca compraram tantos carros e nunca se sentiram tão valorizados. Os seus adversários garantem que isso não passa de uma narrativa. Afirmam que essa ilusória bonança quebrou o país. Num país de secular impunidade, decidiram colocar na cadeia esse governante irresponsável e perigoso.

Acusaram-no de corrupção e o condenaram por ter recebido como propina um apartamento de veraneio onde jamais morou e do qual nunca teve o título de propriedade. Alegaram que o crime, na sua sofisticação extrema, consistia justamente em não ter a escritura para encobrir sua posse. O presente teria sido dado em contrapartida a benefícios em contratos públicos jamais especificados. Contra a ideia de um complô para tirar do caminho um inimigo ideológico, encontrou-se um argumento irrefutável: falar em complô seria acreditar em teorias da conspiração, que evidentemente não acontecem, ainda mais envolvendo autoridades idôneas da justiça e da política. Mudou-se o conceito de prova para provar o improvável. De repente, a justiça ficou rápida.

Com mais provas, outros ficaram livres e no poder. Se havia pressa em derrubar a presidente para que não causasse mais estragos, não havia a mesma celeridade em retirar o seu sucessor, ainda que em relação a ele as acusações fossem mais graves e robustas. Lembrava uma história inverossímil. Avisado em viagem que a sua casa fora invadida por um ladrão, o proprietário pensou por um segundo e respondeu:

– Deixem que ele fique lá. Assim a casa não fica abandonada. Depois a gente tira ele de lá. Agora só provocaria mais confusão e estrago.

Nesse país de ficção, o ex-presidente encarcerado continuou a liderar as pesquisas de intenção de voto para as eleições do ano em que foi preso. Isso alarmou as autoridades. Libertá-lo tornou-se muito perigoso. Ainda lhe cabiam recursos. A Constituição Federal, quase sempre obscura, era cristalina quanto a isso: prisão por sentença penal condenatória só depois do trânsito em julgado, isto é, depois de esgotados todos os recursos. Mas os doutos haviam decidido que não se deve aplicar a lei literalmente. Sempre se deve interpretá-la, o que significa até reescrevê-la ou produzir dúvida onde não há. Não fosse assim, para que eles serviriam? Que poder teriam? Uma lei inconstitucional, sancionada pelo presidente tornado presidiário para diminuir a pressão da mídia e dar satisfações ao Ministério Público, impedia candidatura de condenados em segunda instância, ainda que, pendendo recursos, devesse prevalecer a presunção de inocência.

Moral da história: nunca duvide das coincidências.

*22/07*

# Do golpe ao impeachment: história de uma narrativa

O mundo democrático inteiro sabe que foi golpe. Só parte do Brasil insiste que foi impeachment.

A presidente Dilma Rousseff foi derrubada do poder, que exercia por eleição, em 2016, por um golpe judicial-midiático-parlamentar.

Sigamos o fio da meada: a direita, convencida de que pelo caminho das urnas não tiraria a esquerda do poder e que a economia estava a caminho da bancarrota, decidiu encontrar pretextos para dar um golpe capaz de ser vendido como impeachment numa pretensa narrativa técnica.

Dois pretextos foram encontrados: um de natureza político-moral; o outro supostamente de natureza técnico-jurídica.

Corrupção e pedaladas.

A corrupção nunca disse respeito pessoalmente a Dilma Rousseff. Mas serviu de pano de fundo para mobilizar a mídia e a classe média.

O mote "nunca se roubou tanto neste país" serviu para encher as ruas de gente com a camisa de CBF e para criar uma orquestra de panelas batendo em nome dos bons costumes e da honestidade.

As pedaladas fiscais, jamais cobradas antes, nem depois, serviram de motivo para acionar a votação no parlamento. Dilma caiu pelo crime de adiantar dinheiro de banco público, como seus antecessores, depois reembolsado, para garantir programas sociais e até do agronegócio. Um crime hediondo na ótica dos novos honestos.

A queda de Dilma não poderia bastar, pois Lula se prontificou a retomar o poder pelo voto em 2018. Lidera as pesquisas e pode vencer no primeiro turno. Desde o começo os golpistas sabiam que teriam de acionar a segunda parte do plano: tirar Lula do jogo eleitoral.

Buscou-se um pretexto. Transformou-se boato em processo judicial. O triplex do Guarujá, onde Lula jamais morou, cuja denunciada reforma não passou de miragem e do qual o ex-presidente nunca teve título de propriedade, virou motivo para condená-lo.

Nunca a justiça foi tão rápida. Jamais recursos foram julgados com tantas celeridade e unanimidade. A mídia deu a legitimidade exigida. O conceito de prova foi alterado para sustentar a operação.

A falta de prova virou prova definitiva com a explicação teratológica de que o crime consistia justamente em não produzir provas. Voltamos ao universo medieval da prova lógica, não material.

Deus existe porque ninguém consegue provar sua inexistência.

Em caso de necessidade, juiz sem jurisdição atropela e impede cumprimento de decisão judicial contrária ao golpe. Juiz de primeira instância desautoriza decisão de segunda instância. A Polícia Federal aceita a ordem da primeira instância contra a decisão da segunda. O STF contraria a Constituição e, mesmo tendo conhecida maioria para mudar seu entendimento e fazer valer a presunção de inocência e o trânsito em julgado como condição para a prisão, segura a votação que deveria fazer para clarear a situação e reconstitucionalizar o país.

O impeachment nunca passou de uma narrativa.

Pós-verdade em estado bruto.

Golpe é inventar pretexto, não aplicável em outros momentos, para forjar uma estratégia apta a transformar ação política em narrativa técnica. As pedaladas nada significariam sem as denúncias de corrupção, generalizada para dar um caldo necessário ao expurgo.

A direita quer Estado mínimo, salvo quando se trata de punir a esquerda sem provas pelos crimes que ela mesma sempre cometeu com fartura de provas e dos quais escapou e escapa ilesa.

Lula ficará preso. Se for libertado, comete o crime de novo: ganha as eleições. Está inelegível pela lei da Ficha Limpa?

Inelegível por uma condenação sem provas.

O círculo se fecha.

A narrativa está feita.

O único problema é que os democratas estrangeiros não acreditam nela. Nem os juristas. Todo dia alguém se espanta com o que vivemos.

Será uma vingança da elite pelo fato de um operário, com todos os seus altos e baixos, erros e acertos, ter governado melhor do que o doutor? Melhor do que os bacharéis, coronéis e seus bedéis.

A história era escrita pelos vencedores. Hoje, é pela mídia.

O impeachment é só a narrativa dos vencedores.

*30/07*

# Nós e eles

Em editorial o jornal O Estado de S. Paulo diz que a origem do acirramento dos ânimos no Brasil, que culminou com o atentado ao candidato de extrema direita Jair Bolsonaro, foi do lulopetismo com a divisão do país em nós e eles. O artigo lista, até com surpreendente lisura para um veículo tão ideologicamente comprometido, provocações de parte a parte e atos inadmissíveis como o ataque ao ônibus da caravana de Lula, no Paraná, em março de 2018, rechaçado por muitos, inclusive Bolsonaro, como uma farsa executada pelos próprios petistas.

A quem serve sustentar que não há divisão no Brasil? Durante quase quatro séculos o país esteve separado entre escravizados e escravizadores. Era ou não era uma separação entre nós e eles? Entre brancos e negros? Entre senhores e escravos? Entre vítimas e algozes? Essa divisão infame não deixou marcas? Negros e brancos compartilham hoje estatisticamente falando as mesmas oportunidades, benefícios e ganhos? Os mais cínicos, entre os quais pretensos historiadores, defendem que os negros também tinham escravos e que os escravizados eram capturados e vendidos na África por seus irmãos negros. Não haveria, portanto, nós e eles. Apenas circunstâncias de época.

A Rede Globo prefere falar em uns e outros como se fossem todos iguais salvo em pequenas diferenças de gosto. Mas uns têm auxílio-moradia de quase cinco mil reais e aumento de 16% sobre ganhos estratosféricos. Outros têm bolsa-família, mecanismo criticado por muitos dos que possuem auxílio-moradia, ou salário mínimo, tão mínimo ainda que deixa o máximo das necessidades básicas a descoberto. Uns vão para a cadeia sem provas ou com provas duvidosas baseadas em teorias jurídicas nunca antes aplicadas por aqui. Outros ficam livres para disputar eleições ou exercer os mais altos cargos públicos apesar da fartura de provas de acordo com os velhos preceitos jurídicos.

Uns passam fome ou mal têm para comer. Outros vivem de banquetes. Uns têm casa na cidade, na praia, na montanha e no campo. Outros, esquecidos da sorte, mal pagam o aluguel ou moram na rua. Uns só usam carros blindados. Outros vivem em ônibus lotados. Uns sofrem preconceito de cor, sexo ou condição social. Outros bradam contra o autoritarismo do politicamente correto que os impede de fazer "inocentes" piadas de negro, gay, judeu, pobre, nordestino, etc. Uns são vítimas das armas clandestinas e oficiais. Outros querem liberdade para andar armados. Uns fazem governos pelo voto. Outros derrubam governos e tomam o poder sem votos para satisfação do eleitor mercado.

Uns vivem do pouco que ganham. Outros não pagam impostos sobre o muito que recebem como lucros e dividendos. Uns são assassinados no coração de grandes cidades sem que os culpados, pressentidos por muitos, jamais sejam identificados. Outros são soltos por ministro da mais alta corte ainda que reincidentes e atolados em seus malfeitos. Uns sobrevivem com o parco Benefício da Prestação Continuada, que quase foi extinto para conter gastos públicos. Outros recebem ajuda governamental para enriquecer ou vivem da "Bolsa-Rico", os juros da dívida pública que não podem ser tocados, cortados ou limitados.

Não há nós e eles? Constatar essa evidência é um problema para eles. Para nós. Para uns. Para outros. No passado, construiu-se a fantasia de uma democracia racial. No Rio Grande do Sul, o latifundiário branco e o peão negro seriam parceiros de lides, aventuras e trabalhos. Na guerra, porém, o negro era bucha de canhão. Alguém tinha de ir na frente. No dia a dia, um era dono do outro. Um entrava com o suor. O outro ficava com o resultado. Agora, tenta-se vender a ilusão de uma democracia social. Quanto maior a desigualdade, mais uma sociedade é dividida entre nós e eles, uns e outros. Quanto menos se reduz o fosso social, mais se aumenta a possibilidade da violência. A quem serve tapar o sol com peneira? A eles ou a nós?

*09/09*

# Mulheres contra Bolsonaro

A reação mais vigorosa só poderia vir das mulheres: são elas os alvos mais frequentes do candidato de extrema direita à presidência da República Jair Bolsonaro. Elas, os negros, os índios e os gays. Mais de um milhão de mulheres já aderiram a um grupo do Facebook de resistência ao capitão da barbárie. Bolsonaro encarna o imaginário do macho branco e truculento que se sente incomodado com as limitações impostas pelo politicamente correto à liberdade de ofender os outros. A crítica ao politicamente correto foi abraçada pelos extremistas de direita como uma suposta defesa da liberdade de expressão e de humor.

O bolsonarismo é uma ideologia obscurantista e nefasta que se alimenta de uma velha concepção racista e de novos ressentimentos com a desconstrução dessa visão de mundo por grupos cada vez mais organizados para barrar a perpetuação das infâmias enraizadas na estrutura social ao longo do tempo. O bolsonarismo chama de ideologia de gênero combater nas escolas o preconceito de viés sexual. Sonha com a volta das aulas de Moral e Cívica baseadas num patriotismo conservador e doutrinário por meio do qual se aparelhava a educação para fins de lavagem cerebral de alunos. Propõe a militarização do ensino. Acoberta o racismo insistindo numa democracia histórica racial falsa. Confunde autoridade com autoritarismo. Difunde preconceitos hediondos como se fossem verdades históricas, naturais e científicas.

Bolsonaro não pode apagar do seu passado as cenas em que aparece insultando mulheres, ridicularizando negros, subestimando índios, vomitando ódio contra homossexuais. Vagabunda é um termo que lhe vem à boca com volúpia. Na tentativa de se contrapor à avalancha feminina contra o candidato machão, cinco homens administram um grupo, antes intitulado Presidente Bolsonaro 2018, de 44 mil mulheres favoráveis ao presidenciável do PSL. Por que o bolsonarismo encontra eco? Porque há pessoas desencantadas com tudo e há uma enorme descrença na política.

O fundamental, porém, é outra coisa: o bolsonarismo é uma reação ultraconservadora à transformação das mentalidades, uma tentativa insana de impedir a evolução dos costumes, um gesto reacionário em defesa do recuo ao passado, uma louvação à ditadura militar, a regimes de força e a um tempo em que o macho branco podia exercer seu poder sem ser contestado por negros, mulheres, gays e atores sociais de todos os tipos, seres que eram trancafiados, excluídos, maltratados, humilhados, sufocados, presos, torturados, mortos, impedidos de existir à luz do dia. O bolsonarismo é o antigo regime tentando vencer as luzes, o desejo de suplantar maio de 1968, a vontade de negar Martin Luther King, um projeto que, no limite, embora isso possa parecer caricatural, pretende negar, em frentes diferentes, Voltaire e Darwin.

O bolsonarismo é um pesadelo que tenta se apresentar como sonho de retorno ao paraíso perdido da ordem, do progresso, da segurança e da paz. Não se trata de uma utopia, mas de uma flagrante distopia.

*13/09*

# Por que Alckmin não decola?

Cada partido conta aos eleitores uma história que também conta para si mesmo. Nenhuma das partes acredita totalmente no que é narrado. O MDB vive da sua mitologia de resistente à ditadura. Declara ser de centro-esquerda, mas pratica um neoliberalismo econômico de ultradireita. O PSDB conta-se antes de dormir que é de fato social-democrata. Dorme pensando na Suécia. Acorda e veste o terno do Tea Party dos Estados Unidos. Geraldo Alckmin apostava no seu latifúndio no horário eleitoral para sair do rodapé da tabela das pesquisas. Continua do meio para baixo na classificação. Por quê?

Simples como o resultado de um jogo: perde-se, empata-se ou ganha-se. Alckmin não decola porque o seu eleitorado é o mesmo de Jair Bolsonaro. A vantagem que Alckmin esperava obter com sua pretensa moderação é justamente o que o eleitorado tucano-bolsonarista não quer. A mídia adora a cantilena de que o eleitor está cansado de radicalização e de polarização. Conversa fiada no estilo William Bonner pregando moral por não saber entrevistar. O eleitor quer pegada, atitude, definição, ideologia. Ele é passional e categórico.

Por que Henrique Meirelles não decola? Porque não seduz, carrega o fardo de Michel Temer nas costas, mesmo que tente escondê-lo, e, como qualquer um sabe, a sua economia é a dos banqueiros. Com ele, dois mais dois nunca são quatro, mas quatro acrescidos de juros extorsivos em prol do capital financeiro ou menos de quatro graças a isenções para a turma dos camarotes. Há outro aspecto: o eleitorado do MDB também é o mesmo de Jair Bolsonaro. Assim como o do Progressistas.

Essa constatação faz pensar no segundo turno. Se Jair Bolsonaro enfrentar Alckmin na rodada final, o que é improvável, a esquerda tapará o nariz e irá com o tucano para impedir um atentado à democracia. Salvo se essa ideia não passar de um discurso para assustar indecisos. Se o capitão da barbárie tiver Fernando Haddad pela frente, o resto do tucanato se fardará com Bolsonaro por identificação ideológica e afinidades eletivas. Esquecerá tudo que FHC já disse e não fez. Prevalecerá o antipetismo. Não se levará em conta o mea culpa do tucano Tasso Jereissati pelo apoio à rasteira em Dilma Rousseff e pelo embarque no governo furado do vice decorativo.

O Brasil é um país bizarro. Os mesmos que combateram a corrupção do petismo silenciaram quanto à corrupção dos sucessores do petismo. Faz pensar na história do sujeito que, em viagem, recebe um aviso:

– Tem um ladrão dentro da sua casa.

– Deixa.

– Como assim?

– Deixa. Assim a casa não fica abandonada.

Uma lei da física sai confirmada: dois corpos não ocupam o mesmo lugar no espaço. Bolsonaro ocupa o lugar tão sonhado por Alckmin. Geraldo não viu o cavalo passar num louco galope. O voto é o mesmo. Há, porém, lugares e lugares. Lula tem cela garantida por mais algum tempo. Deve sair depois das eleições. Gilmar Mendes não o solta. Já Beto Richa entrou e saiu com a mesma rapidez. Gaiola não é lugar de tucano. Uma pergunta rói as almas do poder: e se, apesar de tudo, Lula emplacar o seu poste? Haverá suicídio coletivo? Ou golpe? Os especialistas garantiam que Lula não tinha mais poder de transferência de votos. As pesquisas mostram o poste subindo como uma flecha.

*18/09*

# #EleNão

Mulheres lançaram a hashtag "#eleNão" contra Jair Bolsonaro. Estão certas. Só elas podem barrar o pior que pode acontecer para o Brasil. Boa parte dos machos está deslumbrada. Há milhões de razões para dizer não ao candidato da extrema direita que encanta coxinhas e coxões com seu palavrório imundo. Sem eufemismos nem relativizações oportunistas, Bolsonaro é o que é, sempre foi e será: racista, machista, homofóbico, sexista, xenófobo, reacionário, anacrônico, grotesco, apologista da ditadura, ignorante em economia e cultura, obscurantista e ultraconservador em costumes. Tem gente dizendo que não entende o que escrevo. Vou clarear: Bolsonaro é um traste.

Um traste ideológico. Uma piada de mau gosto. Um sinal de atraso. Um retrocesso. Um AI-5 em forma de capitão e deputado. Quem chama mulher de vagabunda é machista. Quem diz que prefere a morte de um filho a saber que ele é gay é homofóbico. Quem fala de peso de negros em arrobas é racista. Quem diz que nada entende de economia não pode postular a presidência de um país. É ignorante. Quem defende que índio tem de evoluir e adotar costumes dos outros, os nossos, dos brancos civilizados, comete etnocentrismo. Bolsonaro é um atentado. Toda vez que abre a boca sai besteira. Quem defende que uma ditadura como a chilena deveria ter matado mais, achando três mil assassinatos pouco, é um monstro. Quem já pregou o fuzilamento de adversários políticos, como o de Fernando Henrique Cardoso, e o fechamento do Congresso Nacional, não é um democrata nem um cidadão normal.

Quem defende tortura e execução sumária de criminosos não acredita em Estado de Direito. Prefere a lei do mais forte. Coloca a vingança acima do Direito. Legitima a barbárie. É um perigo para a democracia. Quem afirma que o erro da ditadura brasileira foi não ter matado mais é psicopata. Quem sente saudade de ditador e dos momentos mais repressivos de um regime hediondo de exceção é perverso. Quem tem torturador notório como herói não é Brilhante em coisa alguma. Quem aceita que mulher pode ganhar menos pelo mesmo trabalho feito por homem é sacana. Quem diz que não estupraria uma mulher por ela ser feia derrapa duas vezes: admite e compreende hipoteticamente estupro de mulher bonita; revela-se grosso, vulgar, rasteiro e estúpido.

Homem que se opõe à Lei Maria da Penha, que pune a violência contra mulheres, sinaliza a sua visão de mundo retrógrada. Marido que declara à imprensa que a esposa deve seguir as ideias políticas dele e não pode se vestir como quiser indica o que pensa: o macho manda. Homem que entende e justifica discriminação na escolha de mulheres no mundo do trabalho, porque elas engravidam e pedem afastamento remunerado, é um explorador cínico. Pai que se diz incapaz de amar um filho homossexual, preferindo que o rebento morra num acidente, é um canalha. Afirmar que ter vizinho gay desvaloriza imóvel é horrendo.

Associar homossexualidade a pedofilia é canalhice e burrice. Ter orgulho de ser preconceituoso revela o grau de indigência intelectual. Bolsonaro já afirmou que o número "crescente" de gays se deve "às liberalidades, às drogas e à mulher também trabalhando". O que dizer disso? Bolsonaro não é candidato como outros. São dele estas afirmações inconcebíveis. Homofóbica: "O filho começa a ficar assim meio gayzinho, leva um coro, ele muda o comportamento dele. Olha, eu vejo muita gente por aí dizendo: ainda bem que eu levei umas palmadas, meu pai me ensinou a ser homem". Racista (sobre a possibilidade de um dos seus filhos se apaixonar por uma negra): "Não corro esse risco porque meus filhos foram muito bem educados". Sobre índios: "Ele devia ir comer um capim ali fora para manter as suas origens". A cada vez que é cobrado Bolsonaro se defende dizendo que houve mal-entendido.

Não bastasse os estragos próprios, Jair Bolsonaro tem como vice-presidente um general que só pode arrancar das mulheres um "ele também não" ou um "ele de jeito algum" ou "de jeito nenhum". O cidadão defecou outro dia a afirmação de que casas só com avós e mães produzem "fábricas de desajustados para o tráfico". É de chorar de vergonha.

A lista é interminável. Tudo se resume numa palavra. Jair Bolsonaro é fascista. Norberto Bobbio e cia., no Dicionário de Política, entre as muitas definições de fascismo, apresentam esta bastante compreensível: "O conceito de mobilização social adquire particular relevância quando o fascismo é considerado como um tipo especial de resposta aos conflitos nascidos da exigência de participação no gozo de determinados bens e serviços – materiais e não materiais – por parte de setores da população antes excluída: uma resposta baseada na desmobilização forçada dos grupos recentemente mobilizados, posta em obra pela coalizão entre as velhas e as novas elites, em função da conservação da ordem sócio-política tradicional".

A via autoritária de Bolsonaro manipula a classe média, com o aval da turma dos camarotes, contra os ganhos materiais e simbólicos da plebe no século XXI. A velha ordem social – machista, racista, homofóbica, etnocêntrica – explora o viés comportamental para tentar salvar o seu modelo total de organização completa da vida. O segundo turno tende a ser entre fascismo e antifascismo. As alternativas intermediárias não funcionam quando o fascismo se radicaliza. Jair Bolsonaro encarna o pior do Brasil, aquele que vê o futuro no passado. O #eleNão é a resposta de quem mais pode perder com isso: as mulheres.

*19/09*

# Sinais do ocaso

A decadência costuma se revelar de modo singular. O cronista francês Jean Baudrillard – talvez cronista seja o termo mais adequado para descrever o que ele fazia com seu texto vertiginoso e sua visão paradoxal e irônica – dá uma mostra disso em seu livro "América": "Um caminhão verde-claro, de cromados reluzentes, desce a 7ª Avenida, aos primeiros raios do sol matinal, logo depois da neve. Ostenta em seus flancos, em letras de ouro metalizadas: Mystic Transportation. É toda a Nova Iorque e seu ponto de vista místico sobre a decadência".

Um caminhão verde com letras douradas descendo a ladeira não seria uma boa metáfora para pensar o Brasil deste momento eleitoral? Não deixa de ser um ponto de vista místico: nele, em tempos sombrios, embora sob o sol de quase outubro e novembro, viajaria o salvador da pátria cercado de seus cabos e generais. O futuro certas vezes dá cambalhotas para copiar o passado. Duas vezes a esquerda francesa votou num candidato de direita para frear a tentação do extremo. Teria a direita votado num candidato socialista para escapar da sua parte maldita? Baudrillard só se interessava pelas contradições do jogo.

Semeava perguntas para garantir a cada um a sua dose de ironia. Sigamos a sua sombra, a sombra, como ele designou, das maiorias silenciosas. E se o petismo, expulso pela janela do parlamento, voltar ao poder pela porta da frente desfilando sobre um tapete vermelho estendido na rampa eleitoral que leva ao Planalto? Essa porta da frente das urnas que jamais se abriu a alguns. E se parte da direita, aquela que se crê realmente como razoável e republicana, tiver de votar no seu inimigo jurado para se livrar de um aliado insuportável? E se, contrariando discursos iluministas aprendidos em universidades estrangeiras, houver uma corrida desabalada para o velho caminhão?

E se as pesquisas do IBOPE estiveram apenas, em letras cromadas, incitando eleitores ao voto útil na base de "o petista está subindo", corram para o capitão? O problema dessa "estratégia fatal" é que ela pode servir aos adversários e fazer que os eleitores de centro-

-esquerda de quem já está tomando uma volta dos dois primeiros corram para o ungido por Lula (ainda um pouco de misticismo). Merval Pereira, dublê de comentarista político e de sinal de trânsito em dias de engarrafamento, já deu o toque: há muito lugar livre na carroceria.

Como diz outro candidato, sinais, fortes sinais. No caso, não se sabe de quê. Nem importa. Houve um tempo, em certo lugar, que cada caminhão descendo o morro era verde. Ou verdes eram os que o ocupavam? Eles não vinham da 7ª Avenida, mas do 7º RCMEC. Naquela época, as associações, mesmo as mentais, mas principalmente as outras, não eram livres. Estudava-se Moral e Cívica e fazia-se ordem unida. Mas o amor à pátria era vigiado. Quem não amava "direito", sofria punição.

E se formos como, na opinião de Baudrillard, os estadunidenses: "Os americanos, como os outros, não sentem vontade de se perguntar se acreditam ou não no mérito dos seus dirigentes, nem mesmo na realidade do poder. Eles preferem agir como se acreditassem nisso, à condição que se administre a crença deles". Quem pode administrar a decadência?

*28/09*

# Estratégia fatal

O PSDB fixou a sua estratégia. Ela diz simplesmente: quem odeia o PT deve tirar Jair Bolsonaro do segundo turno. Se não fizer isso, Fernando Haddad vencerá. Por quê? Pelo fato de que até parte dos tucanos votará no petista para evitar que Bolsonaro vença. Geraldo Alckmin sabe que, sendo de centro-direita, não pode tirar votos da esquerda para brigar contra Bolsonaro na etapa final. Só lhe resta desbancar o próprio candidato do PSL. Alckmin é ruim de primeiro turno, mas poderá ser bom de segundo pela mesma razão que invoca para combater Bolsonaro agora: o antipetismo. A estratégia pode ser fatal.

Para quem? As pesquisas do IBOPE jogam a favor da estratégia tucana. Ou fazem parte dela por adesão espontânea? Ao mostrar Bolsonaro no teto e Haddad subindo e ganhando no segundo turno, forçam o voto útil. É como se dissessem: ainda dá tempo de votar em alguém que possa impedir o PT de voltar. A premissa tucana é que as pessoas não querem o petismo e não devem querer Bolsonaro por tudo o que ele representaria: machismo, homofobia, obscurantismo, racismo, inexperiência, preconceitos de toda ordem, perigo para a democracia.

O problema é que Alckmin não pode chegar e dizer que votará em Haddad para impedir Bolsonaro de se eleger, pois seria se declarar derrotado. Além disso, o seu discurso consiste justamente em anunciar o PT como o pior inimigo e o grande mal a ser evitado. Tudo precisa ficar sugerido. A questão é a premissa explicitada: o PSDB como alternativa para dois extremos inconvenientes: o petismo e o bolsonarismo. E se o eleitor considerar PT e PSDB irmãos gêmeos? Haveria uma corrida para Bolsonaro? Não necessariamente. O capitão perde para todo mundo, menos Marina Silva, na rodada eleitoral final.

A estratégia de Geraldo Alckmin parte de uma velha ideia, a de ver o PSDB como a racionalidade tranquila e ética contra os extremismos irracionais ou corruptos. Quem acredita nisso? Alckmin obviamente não quer nem Bolsonaro nem Haddad. Quer ele mesmo. Só falta combinar com os russos. Se o ex-governador de São

Paulo não estiver no segundo turno, parte dos seus eleitores correrá para Bolsonaro vestindo a camiseta da CBF. Outra parte, porém, não dará esse passo. Seria como cometer incesto. Um tabu. Algo que não se faz impunemente.

O PT sonha em enfrentar Bolsonaro no segundo turno. É sua grande chance. Bolsonaro tem o mesmo sonho. Alckmin estala os dedos e diz: acordem, só eu posso ganhar do PT. Pode mesmo? Outros poderiam, como Ciro Gomes, mas um dado parece incontornável: Haddad não ficará pelo caminho. Só há uma vaga em disputa, paradoxalmente a do líder Bolsonaro. Fica assim: Alckmin sente que ganharia a final com um pé nas costas. O pepino é que não consegue passar pela semifinal. Se a estratégia tucana der certo, acontecerá uma zebra: Bolsonaro fora. Os mais apaixonados falam, porém, em vitória do capitão no primeiro turno. Eles sabem que essa seria a sua bala de prata. O azarão tem mais chances em jogo único. Ida e volta exigem regularidade e cálculo.

*28/09*

# Quando os generais falam

O Brasil não suporta viver longe do perigo. Há uma tentação pelo pior. De repente, os generais saíram dos fundos dos quartéis ou do esquecimento nas suas pantufas e começaram a falar de política, de cultura, de economia, de educação, de tudo. Por que não se calam? É o que perguntavam intelectuais, políticos e até militares desejosos de aplaudir, mas preocupados com o impacto nas urnas de tantas sandices.

O que disseram os generais que deixaram de jogar paciência?

O general Eduardo Villas-Boas, comandante do Exército, afirmou para espanto geral, depois do ataque ao candidato do PSL Jair Bolsonaro, que o resultado das eleições poderá ser colocado em dúvida: "O atentado confirma que estamos construindo dificuldades para que o novo governo tenha estabilidade, para a sua governabilidade, e podendo até mesmo ter sua legitimidade questionada". O país ficou perplexo.

O general Aléssio Ribeiro Souto, membro do Grupo Técnico de apoio a Bolsonaro, fez pensar nas fogueiras nazistas: "Os livros de história que não tragam a verdade sobre 64 precisam ser eliminados".

Postulou também a extinção do Estatuto da Criança e do Adolescente para facilitar a punição de menores malcomportados: "Você admitir que o ECA proteja bandido... quem agride o professor é bandido. Se for para proteger bandido, eu sou contra o ECA. E a equipe [de Bolsonaro] é unânime em asseverar que, se você tem uma legislação que proteja bandido, é preciso eliminar essa legislação".

O general da reserva Eduardo José Barbosa, presidente do Clube Militar, defendeu a redução da licença-maternidade para um mês ou um mês e meio qualificando a que se tem no país de "privilégio". O general de pijama recorreu ao chavão machista para justificar a preferência de empresários pela contratação de homens: "Se o empresário entrevista uma mulher recém-casada, pode ser o suprassumo da competência, e entrevista um rapaz da mesma competência, é normal o empresário dar preferência ao homem. Por quê? Porque ele sabe que a menina pode engravidar. Imagina isso para quem é diretor de uma empresa?". Defendeu também a fusão de Estados como Alagoas e Sergipe.

Nenhum general foi mais chocante do que Hamilton Mourão, o candidato a vice-presidente na chapa do capitão Jair Bolsonaro.

Primeiro, mostrando que suas leituras de antropologia pararam no racismo, no essencialismo e no cientificismo do século XIX, declarou que herdamos dos índios a indolência e dos africanos a malandragem.

Depois, embalado por seus 15 minutos de fama e pela necessidade de explicar o inexplicável, rotulou o décimo terceiro salário de jabuticaba. Apesar do puxão de orelha que tomou de Bolsonaro, voltou à carga e pregou: "No final das contas, todos saímos prejudicados".

Analista de comportamento, o general Mourão escancarou sua sutileza e seu obscurantismo verde-oliva: "A partir do momento em que a família é dissociada, surgem os problemas sociais. Atacam eminentemente nas áreas carentes, onde não há pai e avô, é mãe e avó. E, por isso, torna-se realmente uma fábrica de elementos desajustados que tendem a ingressar nessas narco-quadrilhas".

Entusiasmado com a retórica de programa policial, soltou o bordão do senso comum: "Se polícia age como polícia, é criticada. Direitos humanos são para os humanos direitos". Geopolítico do preconceito, disparou: "Nós nos ligamos com toda a mulambada, me perdoem o termo, do lado de lá e de cá do oceano na diplomacia Sul-Sul".

Incontrolável, defendeu a possibilidade de autogolpe presidencial contra a anarquia e a elaboração de uma Constituição por um grupo de notáveis, sem a necessidade dispendiosa e democrática de se eleger constituintes. Chegou a garantir que o atentado contra Bolsonaro fora praticado a mando do PT: "Eu não acho, eu tenho certeza: o autor do atentado é do PT". Ameaçou: "Se querem usar a violência, os profissionais da violência somos nós".

O que terão dito os demais?

Como que para refrescar a memória desses falastrões subitamente empoderados, os jornais passaram a publicar as descobertas de documentos do Superior Tribunal Militar sobre atentados praticados pela extrema direita em 1968, antes de ações da esquerda, para aquecer o clima para o odioso AI-5. Os generais que amordaçavam o Brasil sabiam de atentados terroristas em nome da ampliação da ditadura. Sabiam e deixavam acontecer. Não havia teoria do domínio do fato.

Um país começa a ser calado quando os generais falam.

*04/10*

# Bolsonaro e o senso comum

O homem que se ensanguenta de excitação vendo José Luís Datena vota em Jair Bolsonaro. O homem radical do senso comum que se farta vendo Faustão, Ratinho ou Luciano Huck como o melhor que já se produziu vota em Bolsonaro em nome dos bons costumes. O homem do senso comum que passa a vida vociferando na frente da televisão vota em Bolsonaro. O senso comum não sussurra. Grita suas verdades. Não se intimida. Exibe o seu ódio. Não pondera. Desfila suas simplificações definitivas. O senso comum sabe tudo, sabe de tudo, sabe até o que não sabe. Não sente vergonha, berra: "Bandido bom é bandido morto". O machão que se sente desvalorizado na sua virilidade com o empoderamento das mulheres e dos LGBT vota no capitão. O senso comum sai do armário e grita em praça pública: "Odeio cotas, odeio o bolsa-família, odeio índios com terras demarcadas, odeio pobres". O capitão tenta disfarçar para garantir votos. Não adianta. O seu eleitor fala.

O senso comum convence o pobre de que ele é pobre exclusivamente por sua culpa. O general Mourão, vice do capitão, desenhou para o mundo entender a profundidade da sua ideologia alimentada pela antropologia do século XIX: a nossa indolência vem do índio; a malandragem, do negro; a beleza, do branco ("Meu neto é um cara bonito, viu ali? Branqueamento da raça"). Brincadeira de milico rude? Racismo que não se envergonha de marchar em ordem desunida? Flagrante de uma visão que saiu do armário e desfila na esfera pública.

O senso comum de classe média revolta-se contra o politicamente correto, garante que há exagero nas denúncias de assédio sexual, considera vagabundo quem precisa de auxílio de políticas públicas, acha salutar certo trabalho infantil, especialmente do filho dos outros, os filhos dos pobres, assegura que algumas mulheres provocam o estupro, admira Donald Trump, sonha com a volta dos militares, ataca a corrupção e pede nota fria para enganar a Receita Federal. E vota em Bolsonaro. Vota com entusiasmo no "mito" que trará de volta os "bons velhos tempos". O senso comum tem certeza de que criança precisa de palmada e, às vezes, até de uma "boa" surra para se educar e aprender os bons valores, os valores da ordem e da dominação branca masculina.

O senso comum é um senhor de ceroula no portão de casa que discursa sentindo-se coberto por justa indignação e um fraque de mentirinha: "Não se pode mais chamar negro de crioulo nem gay de viado. Um absurdo! Onde já se viu!? Estamos numa ditadura. Um homem de bem não tem direito a mais nada. Homem não pode mais nem gostar de mulher. Vamos ser todos putos". E vota em Bolsonaro. O senso comum odeia a corrupção, mas odeia mais a corrupção de uns que a de outros, odeia mais a "corrupção" de costumes que o roubo do dinheiro público, embora diga o contrário, pois é o que provoca mais empatia. O senso comum culpa o Estado por existir e nunca imagina que o Estado seja apenas uma forma de organização da sociedade. Sentindo-se livre, leve e solto, o senso comum se acha erudito e ensina: "O nazismo era de esquerda, The Economist não é liberal, Pinochet foi um democrata".

E vota em Bolsonaro. Vota com paixão. O homem do senso comum carrega o pior nas entranhas e sente vontade de vomitá-lo para regar o mundo com seu fel, que considera um adubo. No mundo do homem do senso comum há uma hierarquia a ser respeitada. O modelo desse mundo ideal é o quartel. É um mundo sem manifestações, sem greves e sem pessoas interrompendo ruas para protestar contra racismo, homofobia, machismo, xenofobia, sexismo e outros que tais. A forma de governo desse velho novo mundo é o que Álvaro Larangeira chama de Ignorancialismo. O homem do senso comum, que encontrou nas redes sociais o campo ideal para a sua intolerância, embriagado de pretensa sabedoria, sobe num toco e insulta o mundo com sua teimosia. Uiva: "Abaixo o comunismo". E vota em Jair Bolsonaro para salvar o Brasil de Mao, Lenin e Fidel Castro.

Quem salva o Brasil do homem do senso comum?

*07/10*

# Crime absolutamente perfeito ou receita para entregar um país ao fascismo

Primeiro você diz que sua ideologia é uma visão técnica. Depois, encontra um pretexto jurídico para um impeachment político. Em seguida, muda o conceito de prova para facilitar a condenação do adversário. Mais tarde, acelera como nunca antes visto o julgamento do réu em primeira instância. Na sequência, julga o recurso em segunda instância em tempo recorde, com incrível unidade entre os votos dos julgadores e aumento milimétrico da pena para reduzir chances de revisão ou algum benefício previsto. Por fim, acelera a execução da prisão e adota todas as medidas possíveis para evitar a libertação do condenado: desembargador sem jurisdição cancela decisão de plantonista, Polícia Federal recusa-se a cumprir ordem de justiça, juiz de primeira instância determina descumprimento de decisão superior, presidente de tribunal decide, sem poder para tanto, conflito dito positivo, mas, no caso, inexistente, entre colegas.

Primeiro você sai à rua e tira a eleita. Depois, deixa o substituto continuar no poder apesar do acúmulo de provas tradicionais contra ele. Por fim, impede o oponente de concorrer com base numa regra aprovada por ele mesmo: condenado em segunda instância fica fora do jogo. Mesmo que a condenação seja duvidosa e contestada por juristas e organismos internacionais. Primeiro você adere a um pacto internacional. Depois, quando uma decisão não atende aos seus interesses, reclama que o organismo com o qual se fez o pacto invade a nossa soberania. Primeiro você contraria o texto literal da Constituição sobre a presunção de inocência. Depois, impede que haja votação no STF para decidir se o país deve permanecer na posição anticonstitucional adotada ou retornar ao respeito à Carta Magna.

Primeiro você tira a esquerda do poder. Em seguida, promete uma inclinação ao centro. Por fim, entrega a nação à extrema direita. Primeiro você sugere que o país, em caso extremo, fará como os franceses, com a união da esquerda e da direita contra a extrema direita. Na hora devida, revela que o Brasil não é a França: a nossa direita e nosso suposto centro saem do armário de mãos dadas e correm para os braços da extrema direita. Primeiro você divide secularmente o país entre nós e eles, escravos e escravistas, coronéis e plebe, os que pagam impostos e os que são isentos por ganhar demais. Depois, você acusa o campo oposto de disseminar odiosa divisão entre irmãos.

Primeiro você alucina. Depois, contamina. Por fim, vaticina: já era. Primeiro você dissemina notícias falsas. Depois, cobra a verdade. Primeiro você diz que o desvairado do atentado contra Bolsonaro agiu a mando do PT. Depois, quando isso não se confirma, silencia. Surge então um tempo de brumas, sombras e esquisitices: o revólver do bolsonarista na urna é falso, a morte do homem que votou em Haddad na Bahia é incidente, A suástica esculpida com canivete na barriga de uma gaúcha é símbolo budista. Primeiro você muda a regra do jogo por meios pouco convencionais. Depois, questiona: qual o problema se é para combater a corrupção? Primeiro você conspira. Depois, inspira e dá xeque-mate nos críticos com um argumento logicamente irrefutável: teoria da conspiração. Todas as instituições estariam num complô? Crime absolutamente perfeito. Paranoicos não podem ter inimigos.

Primeiro você convive com séculos de corrupção. Depois, usa o combate à corrupção para destruir seu inimigo ou parceiro que se tornou poderoso demais por uma fração de segundo praticando o que o seu lado sempre fez. Primeiro você diz que precisa preservar a democracia. Depois, adere aos militares saudosos da ditadura. Primeiro você combate o retrocesso ideológico, depois relativiza discursos machistas, racistas, xenófobos e homofóbicos. Primeiro você ataca a contradição. Depois, não quer vestir a camisa de força da coerência.

A esquerda tem sua parcela de culpa? Primeiro você faz tudo o que sempre negou. Depois, nega o que fez. Primeiro você se diz diferente. Depois, alega que só foi igual. Primeiro você prega o pluralismo. Depois, rejeita abrir o leque e apoiar candidato de outro partido com possivelmente mais chances de ganhar o jogo. Primeiro você conclama todos à união contra o ultraconservadorismo. Depois, só pensa nas suas estratégias internas, no seu jogo de poder, no seu guru, na sua possibilidade de dar o troco, na sua hegemonia, no seu quadrado.

Eis a receita para se entregar um país ao fascismo.

*11/10*

# Eu tenho medo

Ando de um lado para outro ao amanhecer olhando a cidade pela janela. Sim, confesso, eu tenho medo de Jair Bolsonaro, do bolsonarismo e de bolsonaristas. Tenho medo do que podem representar: preconceito, raiva, simplificação e culto à violência. Tenho medo de quem anda armado e de quem prega a liberação das armas como solução para questões sociais profundas ligadas à desigualdade. Tenho medo de quem vê comunismo em políticas sociais praticadas em qualquer democracia. Tenho medo de quem diz que não amaria um filho gay e depois relativiza suas declarações como piadas ou falas infelizes.

Contemplo o cinza e a rua deserta e sinto o corpo moído. Deixo meus temores aflorarem. Não há mais como segurá-los. Tenho medo de quem diz ter fraquejado ao conceber uma filha. Tenho medo de generais que veem nos índios a origem da indolência, em negros a fonte da malandragem e classificam a beleza do neto como branqueamento da raça. Tenho medo dessa fúria conservadora e desse salto para o passado. Tenho medo de quem chama colega de vagabunda e pesa negro em arrobas. Eu tenho medo de adeptos fanáticos que espalham toneladas de notícias falsas em redes sociais em defesa da verdade e dos bons costumes.

Tenho medo de militares que defendem autogolpe e constituição sem constituintes eleitos. Tenho medo de candidato que fala em aumentar o número de ministros do STF para aparelhar a suprema corte como foi feito na Venezuela. Tenho muito medo de quem diz querer a paz, mas tem seguidores que espalham a violência pelo país, agridem e até matam como na Bahia.

Tenho medo de quem vê símbolo budista em suástica talhada com canivete em barriga de mulher. Tenho medo de quem sustenta que o nazismo era de esquerda, pois quem faz isso se coloca à direita de Hitler.

Eu tenho medo do bolsonarismo por saber que se trata de uma ideologia de extrema direita capaz de causar asco, pelo machismo e pela homofobia, até em Marine Le Pen, a odiosa líder da racista e xenófoba extrema direita francesa. Eu tenho medo de quem prega a censura e até a prisão de uma estrela internacional como Roger Waters por ele ter ousado criticar Messias. Eu tenho muito medo.

Eu tenho medo do que Bolsonaro, se eleito, fará com as terras indígenas, com a educação, com a cultura, com a economia, a Previdência e a legislação trabalhista já combalida. Tenho medo de que voltemos às aulas de Moral e Cívica. Eu tenho vergonha da direita brasileira, do MDB ao PSDB, que se aliou a Bolsonaro por ideologia ou por busca de votos no segundo turno. Eu tenho vergonha desses velhos caciques que passaram a vida contando para os netos e eleitores o quanto foram valentes na luta consentida contra a ditadura e agora, no ocaso, apoiam o candidato que louva o regime militar e tem como ídolo o torturador.

Eu tenho medo de generais que defendem a eliminação de livros que contrariam a sua visão de mundo. Eu tenho medo da censura, da truculência e do moralismo hipócrita. Eu tenho medo de quem diz que ditadura matou pouco ou que deveria ter matado em vez de torturar.

Eu tenho medo dos tantos colunistas da velha mídia que têm ajudado a empurrar o Brasil para os braços de Bolsonaro. Se o capitão ganhar, poderá dedicar o seu triunfo às redes sociais e a um exército de jornalistas encastelados nos jornalões, no rádio e na televisão.

Eu tenho medo de ser abatido, tenho medo da caça às bruxas, tenho medo do macarthismo, tenho mais medo que sonhos, mais temores que esperanças, mais pavores que ilusões, mais inquietações do que indicativos de melhoria. Eu sinto cada vez mais pavor do cinismo dos políticos, esses seres capazes de tudo, de qualquer aliança, por cálculo eleitoral.

Eu me sinto perplexo ao ver os velhos emedebistas Pedro Simon e Ibsen Pinheiro darem aval ao apoio a Bolsonaro. Eu me vejo estupefato com a adesão do jovem tucano gaúcho Eduardo Leite ao candidato do PSL. Eu sinto medo dessa falta de parâmetro, de limite, de fronteira. Eu sinto muito medo desta época pautada por uma única lei: vale tudo.

*14/10*

# Bolsonaro pode transformar o Brasil numa Venezuela

Já disse: eu tenho medo. Antes de tudo, tenho medo da Venezuelização do Brasil. Por isso, entre tantas outras coisas, não voto em Jair Bolsonaro. O risco de o Brasil se tornar uma Venezuela cresce assustadoramente com o capitão Bolsonaro, militar nacionalista formado no intervencionismo estatal da ditadura brasileira instalada em 1964.

Tenho medo de coronéis, capitães e generais no poder mesmo que seja pelo voto. Pode ser aparelhamento da democracia para fins autoritários. Bolsonaro diz que pretende unir o Brasil, mas unir a partir dos seus parâmetros, eliminando tudo o que destoar da sua ideologia. Outro dia, ele avisou: "Vamos botar um ponto final em todos os ativismos do Brasil". Opa!

Eu tenho medo que o Brasil se torne uma Venezuela com Bolsonaro ou uma Arábia Saudita. A Folha de S. Paulo traz o alerta: "Príncipe saudita fecha cerco a ativistas". Explica: "Ao mesmo tempo em que se vende ao mundo como um modernizador e realiza reformas como o fim da lei que proibia mulheres de dirigir, o príncipe herdeiro Mohammed bin Salman fecha o cerco contra sauditas que lutam por direitos humanos". Bolsonaro odeia direitos humanos. Poderia ser diferente para quem tem como livro de cabeceira a obra do maior torturador do país, o nada brilhante Ustra, o homem que enfiava ratos em vaginas de ativistas?

Eu tenho medo que Bolsonaro transforme o Brasil numa Venezuela. O chavismo botou opositores na cadeia. O bolsonarismo pode fazer o mesmo. O chavismo aprovou o aumento de 20 para 32 juízes na Corte Suprema. Nicolas Maduro indicou 13 novos membros de uma só vez. Os grandes jornais brasileiros deram manchete: "Bolsonaro quer aumentar número de ministros do Supremo – se eleito, pré-candidato do PSL pretende ampliar de 11 para 21 o número de magistrados no tribunal".

Bolsonaro explicou: "É uma maneira de você colocar dez isentos lá dentro porque, da forma como eles têm decidido as questões nacionais, nós realmente não podemos sequer sonhar em mudar o destino do Brasil".

A Venezuela bolivariana dividiu o país de maneira irredutível. O bolsonarismo tende a fazer o mesmo com o Brasil. O chavismo passou a doutrinar a população com conceitos de pátria, civismo e culto à personalidade do grande líder. O bolsonarismo apoia-se nesses mesmos valores do imaginário militar populista e demagógico. Jair Bolsonaro já é tratado de "mito" por seus fanáticos seguidores. O chavismo escorou-se no "nós" (povo) contra "eles" (elite). O bolsonarismo, mesmo que negue, assenta-se no "nós" (homens de bem") contra "eles" (ativistas, esquerdistas, sindicalistas, comunistas). Eu tenho medo.

Bolsonaro acelera a possibilidade de o Brasil converter-se numa grande e caótica Venezuela de direita dominada pela violência de facções armadas e intolerantes. Entre o capitão Bolsonaro e o coronel Chávez há muito mais coisas em comum que o bolsonarista cego de ideologia admite: voluntarismo castrense, nacionalismo entranhado, messianismo fardado, DNA autoritário, machismo e homofobia... Jair Bolsonaro é apenas mais um exemplo da doença senil do conservadorismo latino-americano: a militarização da política como ideal salvador.

*15/10*

# (Neo)liberalismo

Precisamos de livros que debulhem assuntos complexos e controvertidos. "Neoliberalismo, o desmonte do Estado social" (Libretos), do gaúcho Plauto Faraco de Azevedo, cumpre essa função decodificadora. Plauto é professor da Faculdade de Direito da Fundação Escola Superior do Ministério Público do Rio Grande do Sul. Fez doutorado na Bélgica. Entre os vários temas abordados na obra está a diferença entre liberalismo e neoliberalismo. Outro dia, entrevistei o economista Luís Carlos Bresser Pereira e questionei-o sobre esse tema. A sua resposta foi hesitante: o neoliberalismo é mais radical, disse.

Plauto mostra o quanto o liberalismo político foi importante para a estruturação das democracias modernas. Mostra também que foi preciso domar o liberalismo econômico por meio do Estado Social para arrancar uma parte considerável da humanidade da miséria e da desigualdade geradas por um sistema que se gabava de funcionar com base na liberdade.

A sacada de Lacordaire resume bem isso: "Entre o forte e o fraco, entre o rico e o pobre, entre o senhor e o servidor, é a liberdade que oprime, é a lei que liberta". Alguém duvida disso? Basta pensar no furor das elites para desmontar a legislação trabalhista para se ter uma ideia de a quem a "liberdade" serve mais.

O neoliberalismo é a tentativa de restauração do liberalismo anterior ao Estado Social. Aliás, Plauto destaca, citando o sociólogo francês Pierre Bourdieu, com quem tive a felicidade de fazer um curso e de conhecer a sagacidade do professor, que é próprio das "revoluções conservadoras (...) apresentar as restaurações como revoluções".

O neoliberalismo é um avanço para trás com ajuda de novíssimas tecnologias. Uma espécie de uberização radical do mundo. A mídia tem papel importante na disseminação acrítica dos valores do neoliberalismo. Jornalistas se deixam facilmente ludibriar pela ideia de que mais liberdade, ou seja, menos legislação, é melhor para todos.

Por que isso? Pergunta ainda não suficientemente respondida pela sociologia da comunicação. A hipótese tradicional destaca o fato de que a mídia é negócio e como tal se rege pelo lucro. Jornalistas, porém, podem ser mais agressivos do que seus patrões na defesa do neoliberalismo. Lógica de carreira para ascender? Neoliberalismo não é apenas um rótulo inventado pela esquerda para desqualificar a ideologia do Estado mínimo. É um conceito que descreve um projeto de anulação de conquistas sociais em favor do retorno a relações entre detentores dos meios de produção e vendedores de força de trabalho anteriores à certa domesticação do capitalismo pela social-democracia.

A equação é simples: neoliberalismo = liberalismo – Estado do Bem-Estar Social. O neoliberalismo quer a volta do velho liberalismo, do liberalismo original de rapina antes do seu abrandamento provocado por lutas sociais intensas. Para isso é fundamental desmontar legislações de proteção a trabalhadores, sindicatos e visões de mundo voltadas para algum equilíbrio entre capital e trabalho. É sempre bom desconfiar de economistas que estudaram em Chicago e se gabam disso.

*16/10*

# Manifesto contra o ignorancialismo

O ignorancialismo é uma ideologia no sentido trivial e pejorativo do termo. Um sistema de ideias que distorce o ponto de vista do observador convertido até fazer dele um fanático vociferando em tempo integral contra a liberdade, vista como libertinagem, contra a diversidade, percebida como caos, e contra o pluralismo de valores. Esse conceito foi criado pelo professor Álvaro Nunes Larangeira. Em tempos sombrios, como pregava o genial Guy Debord, precisamos tomar os conceitos disponíveis e usá-los para dizer o que pensamos indo além ou aquém dos seus autores. O ignorancialismo nunca será um humanismo. Muito menos fundamento de regime democrático e de Estado de Direito.

Em sua dimensão mais leve, o ignorancialismo é uma forma de autoritarismo. Na sua forma mais radical, o ignorancialismo é fascista: ideologia de extrema direita baseada no culto à personalidade do líder (o mito), na tradição como mordaça, nos valores do passado, num modelo único de família, no localismo asfixiante, no moralismo e num Estado controlador de comportamentos da vida privada.

O ignorancialismo de viés fascista é racista, machista, homofóbico e xenófobo. Despreza os pobres que coopta com sua demagogia. Defensor da desigualdade econômica como princípio natural, prega o armamento da população para manter a ordem, silenciar qualquer insatisfação e não precisar fazer reformas que desconcentrem renda. A sua lei é: bandido bom é bandido morto; trabalhador bom é trabalhador que não reclama, não faz greve, não integra sindicato, não entra em partido político, não bloqueia rua com protestos e considera natural a sua condição de dominado. O ignorancialismo é uma forma de desconhecimento que pretende se transformar em forma de governo.

Na sua modalidade extrema, o ignorancialismo afirma que a Terra é plana e que o nazismo era de esquerda. Pode até garantir que o homem nunca pisou na Lua. O ignorancialismo despreza as instituições democráticas. Não vê problema em fechar a suprema corte. Enxerga no parlamento um desperdício de dinheiro. Admira a tortura e torturadores dos seus oponentes. Ignora a história. Aplaude ditaduras de direita. O ignorancialismo é a negação do Iluminismo, que louvava a razão. O ignorancialismo é um elitismo que se aproveita da incultura das multidões mantidas deliberadamente na marginalidade e na penúria. Na sua pretensa meritocracia, defende universidade para os ricos e ensino técnico para os pobres como modalidade intrínseca de organização social pretensamente natural, apostando numa relação nós e eles integrada: uma parte sendo servida pela outra. Cada um no seu quadrado reconhecendo o seu lugar como se fosse predestinação ou destino.

O ignorancialismo é um fanatismo anacrônico, a liberação dos piores instintos, um salto na escuridão do abismo, um sistema repulsivo de ideias odiosas assentadas na superioridade natural de uns, o triunfo da barbárie como organização social, a união dos piores interesses supostamente em nome dos mais altos valores, a divisão mais radical da sociedade por trás de uma suposta união cívica e patriótica, o culto da mentira como verdade histórica, a falsa neutralidade como escolha de lado, a truculência como etiqueta, a força como argumento derradeiro, ocaso da racionalidade e da ciência.

Nada repugna mais os adeptos do ignorancialismo do que a liberdade sexual e a polissemia estética. Reduzir o nós ao uno é a sua obsessão. A sua filosofia é a padronização, o uniforme, a ordem unida, a continência, a hierarquia, o adestramento, a repressão, a violência física e simbólica. O ignorancialismo é a doença senil do ultradireitismo que se manifesta como culto a um passado vil e deformado por uma lente descomprometida com fatos e documentos. O ignorancialismo simplifica por não suportar e não compreender a complexidade; reduz por não alcançar a globalidade dos fenômenos e acontecimentos; vê clareza e transparência no que é apenas tosco.

O bolsonarismo é o produto mais acabado do ignorancialismo em sua versão tropical.

*24/10*

# Fake news e apoios tristemente verdadeiros a Bolsonaro

Nas eleições de 2018 o Brasil entrou definitivamente na etapa das fake news. O que elas são? Uma aceleração tecnológica dos antigos boatos. A mentira na era da hiper-realidade, que é uma realidade falsa capaz de parecer mais real do que a realidade, assim como o replay do gol consegue parecer mais real do que o gol natural na sua efemeridade e falta de recursos de repetição e redundância. As fake news são narrativas fictícias estruturadas com base na verossimilhança.

O grande Balzac avisava: para os jornalistas tudo o que é verossímil é verdadeiro. Para o eleitor ideologizado ao extremo tudo que é possível precisa ser disseminado, especialmente se for falso. Conta-se que num grande jornal o editor chamou o repórter e perguntou: "Fulano disse isto?". Resposta lacônica: "Não". "Poderia ter dito?" Resposta hesitante: "Sim". Ordem expressa: "Coloca entre aspas". A estrutura das fake news exige desmontagem por análise de discurso.

Peguemos um exemplo de fake news envolvendo Fernando Gabeira: "Como político, convivi com Bolsonaro por 16 anos. Nunca foi um monstro, ao contrário, pode ser limitado, mas é de fato um patriota". A narrativa tem quatro partes. Primeira: "Como político, convivi com Bolsonaro por 16 anos". Verdade. Eles foram deputados juntos. Segunda: "Nunca foi um monstro". Verdadeira ou verossímil. "Pode ser limitado". Verdadeira ou verossímil. A narrativa simula uma crítica ao personagem que defende para fazer passar a mensagem final que lhe interessa. Quarta: "Mas é de fato um patriota". Falsa. Gabeira jamais disse isso.

Como detectar a fake news pela simples análise do enunciado? Fernando Gabeira poderia ter dito que conviveu com Bolsonaro? Sim. Que ele nunca foi um monstro? Sim. Que pode ser limitado? Sim. Que é de fato um verdadeiro patriota? Não. Por que não? Pela simples razão que patriotismo não é uma categoria importante no imaginário de Gabeira. É fundamental e típica do imaginário de Bolsonaro. Quem constrói personagens num romance sabe que eles precisam ser verossímeis. Ou seja, parecer verdadeiros. Um personagem com certa personalidade não pode dizer certas coisas ou soará falso. Gabeira patriota é fake.

Gabeira foi escolhido para essa fake news por causa das suas colunas em O Globo nas quais tem relativizado a suposta monstruosidade de Bolsonaro. No seu último texto Gabeira diz: "Minha experiência é de quem defendeu no Parlamento bandeiras que Bolsonaro ataca. As frases preconceituosas que ele eventualmente dizia são as mesmas que ouvimos nas ruas de todo o Brasil". Mais: "Minha relação com ele era de alguém que representava minorias, que até hoje apoio, com alguém que, no meu entender, estava mais perto do espírito majoritário das ruas".

O jornalista fez questão de ser claro: "Minha atitude não foi a de rotular de fascista, misógino, racista ou homofóbico, mas compreender que, por baixo dessas reações populares, existe uma insegurança sobre as mudanças culturais, e é preciso buscar avanços que não provoquem um retrocesso maior". O verossímil não poderia ficar mais contente. A fake news se torna quase verdadeira. Que é isso, companheiro? Amolecendo quando a dureza exige a perda da ternura.

No Rio Grande do Sul, o aval de Pedro Simon e Ibsen Pinheiro ao apoio do MDB a Jair Bolsonaro inscreve-se na história regional da infâmia. Uma página vergonhosa de rasgar biografia de históricos da resistência institucional à ditadura que o candidato do PSL tanto defende. Pragmatismo deveria ter limite. Pior do que isso como modalidade de genuflexão política só o "Sartonaro". Essa fusão de Sartori com Bolsonaro em busca desesperada de votos será para sempre "case" do marketing político, ou como não sentir vergonha de se rebaixar até lamber o chão na tentativa de se manter no poder.

Simon recorreu à tradicional retórica enrolativa para justificar sua posição de apoio a Bolsonaro: "É uma figura controvertida, porque tem uma série de depoimentos dele ao longo da história que atropelam a democracia, mas no decorrer da sua campanha ele tem tentado falar em sentido contrário". Ibsen escondeu-se atrás do biombo: o Brasil já teria uma democracia sólida capaz de protegê-lo de tentativas autoritárias. Simon e Ibsen, por antipetismo visceral e oportunismo eleitoral, renderam-se ao candidato que idolatra o grande torturador.

Haverá quem possa recorrer a uma exclamação fácil: "Papo de petista!" Votei em Ciro Gomes no primeiro turno. Mas não consigo entender que aqueles que um dia lutaram contra a política do "Brasil, ame-o ou deixe-o" possam agora votar num homem que diz em relação aos opositores: "Essa turma, se quiser ficar aqui, vai ter que se colocar sob a lei de todos nós. Ou vão para fora ou vão para a cadeia".

Médici voltará pelo voto?

*25/10*

# Bolsonaro, não!

Uma pessoa pluralista, tolerante e democrática não vota em Jair Bolsonaro por um milhão de razões. Eu me contentarei em citar só dez:

1) Não se vota em quem tem torturador como ídolo. Bolsonaro idolatra o coronel Brilhante Ustra, condenado por tortura, militar abjeto cujo livro ignominioso o candidato tem à cabeceira para uso frequente. A América Latina condenou seus ditadores e torturadores. O Brasil vai eleger o capitão que faz o elogio permanente da violência fascista? Admirar Ustra é como ter uma foto de um general de Hitler na parede.

2) Numa palestra, disponível em vídeo, Bolsonaro diz que não permitiria a um filho de cinco anos brincar com criança da mesma idade adotada por casal de homossexuais: "Vocês acham que eu vou deixar um filho meu de cinco anos de idade brincar com uma criança de cinco anos adotada por um casal homossexual? Não vou deixar". Não se vota em quem destila preconceito tão infame. Interpelado por um torturado da ditadura, Bolsonaro afirma que importante mesmo seria saber o que o homem fez para ter sido torturado. É horrendo como relativização de um dos piores crimes de Estado. Bolsonaro é o pior que já produzimos na política: o cinismo que explora ignorância, baixos instintos, perversidade, ganância do mercado e hipocrisia social.

3) Não se vota em quem diz que não amaria um filho gay.

4) Não se vota em quem diz que filha mulher é fruto de uma fraquejada.

5) Não se vota em quem diz que ditadura deveria ter torturado menos e matado mais ou ter matado em vez de torturar. É uma declaração imprescritível em termos morais. Jair Bolsonaro fez a mesma observação em relação ao regime de outro ídolo seu, Pinochet. Disse que o ditador chileno devia ter matado mais gente. É de Bolsonaro também este horror: "Deveriam ter sido fuzilados uns 30 mil corruptos, a começar pelo presidente Fernando Henrique Cardoso".

6) Não se vota em quem diz a uma mulher que não a estupraria por ela não merecer. Quem fala assim é machista, misógino, grosso e odioso.

7) Não se vota em quem diz que num massacre como o do Carandiru a polícia devia ter matado mil e não 111 pessoas.

8) Não se vota em quem diz que mulher deve ganhar menos porque engravida.

9) Não se vota em quem isenta os escravistas portugueses da captura de escravos na África e em quem diz que não há dívida histórica com os negros.

10) Não se vota em quem pesa negros em arrobas.

Não são novidades. Nunca, porém, é demais lembrar. Também não é bom votar em quem pretende privatizar a aposentadoria com reforma já em 2019. Numa democracia sólida, as forças democráticas de esquerda e direita se uniriam contra a barbárie representada por Bolsonaro.

No Brasil, o oportunismo da direita prefere fusões eleitorais infames como o "Sartonaro", uma lápide sobre biografias políticas. Quando universidades começam a ser invadidas por forças policiais para impedir manifestações de estudantes e artistas internacionais são advertidos para evitar declarações políticas, estamos a caminho do crepúsculo da democracia. Os militares voltarão pelo voto? Faremos da eleição o atalho para a ditadura? Depois do primeiro ciclo trabalhista de Vargas, um militar foi eleito. Depois do segundo ciclo trabalhista, um golpe instalou os militares no poder. Depois deste terceiro ciclo, vamos nos render aos militares?

Já estamos vivendo a bolsonarização dos Tribunais Regionais Eleitorais?

Bolsonarização da justiça?

Bolsonarização da mídia?

Bolsonaro, não!

É uma questão de valores.

*27/10*

# Sartonaro

Há muito que eu deixei de acreditar em Papai Noel, coelhinho da Páscoa e em anjinhos protetores. Ainda tenho dúvidas sobre a existência da mula sem cabeça. Sei que política é estratégia e pragmatismo. Mesmo assim, tudo tem limite. A campanha eleitoral mais rasteira que vi em minhas quase seis décadas de vida foi a de José Ivo Sartori. Por um aspecto: o Sartonaro. Raras vezes o marketing fez um candidato rastejar tanto. O governador continuou a ser o homem afável que costuma ser. A sua propaganda tratou de cobri-lo com a lama do oportunismo mais vil: agarrar-se a Jair Bolsonaro em desespero de causa para tentar se manter no poder. O eleitor não comprou.

Ou só uma parte pagou para ver e ter.

Se um candidato defende a família, não pode ser pego no bordel. Se um partido se diz o grande herói da resistência à ditadura, não pode lamber os pés de um candidato que ama essa mesma ditadura e tem por ídolo um torturador. O MDB rasgou a sua narrativa sem o menor constrangimento. Históricos do partido, como Pedro Simon e Ibsen Pinheiro, não hesitaram em dar aval ao apoio ao capitão Bolsonaro. Ajudaram a consolidar a posição dos críticos que reduzem o papel do velho MDB ao de mera oposição consentida pelo regime militar. O Sartonaro foi um atestado de óbito de qualquer altivez. Ficou assim: por votos e poder, tudo é possível. O PT já havia se abraçado com Paulo Maluf. O MDB nacional não brilha pela compostura.

Agora, definitivamente, acabou aquela história de um MDB gaúcho diferente, ético, resistente. Como foi possível que Sartori tenha autorizado tamanha humilhação? A resposta pode ser simples: os emedebistas não acham que Bolsonaro seja uma ameaça à democracia. Mas o que fazem dos seus discursos em homenagem à ditadura, aos ditadores e aos torturadores? São apenas palavras? O MDB é o partido que mais parece fazer política à moda antiga, aquela coisa da matreirice, da raposa, do diz que vai, mas não vai, esconde o jogo, faz cara de paisagem, sinaliza para um lado, vai para o outro. É exatamente isso que o eleitor atual parece recusar frontalmente.

Adepto da franqueza rude de Jair Bolsonaro, o eleitor do capitão em grande parte desprezou Sartori. O MDB gaúcho especializou-se em não votar nos seus candidatos à presidência ou vice. Em 2014, os gaúchos não votaram em Michel Temer. Em 2018, ignoraram Henrique Meirelles. A vontade de pegar carona da campanha de Sartori na onda Bolsonaro foi tão pornográfica que provocou repulsa mesmo em muito eleitor fanático pelo novo presidente da República. Dava para qualquer um sentir que não era apoio de coração, nem crítico. Era adesismo de ocasião. Mais do que isso, parasitismo puro e simples.

Que retirada melancólica! É por essas e outras que a política perde credibilidade. Se não há necessidade de coerência, que princípio adotar? Caberia um prêmio ao Sartonaro: a pior ideia já tida por um marqueteiro. Aquele que mais expôs um candidato à contradição e ao ridículo. Sartori estava marcado para perder. Como eleger um governador que parcela salários durante quatro anos? Com o Sartonaro, abriu uma avenida para o oponente.

*29/10*

# Aposta errada

O PT apostou numa estratégia furada: confundir o Brasil com a França. Em benefício próprio. A ideia era simples: como aconteceu duas vezes na França, todos se uniriam, direita e esquerda, para barrar a extrema direita. Na França, porém, isso se deu em favor da direita. Lula implodiu qualquer frente de esquerda, isolou Ciro Gomes e empurrou Fernando Haddad para o segundo turno. Imaginava um palanque com Fernando Henrique Cardoso, Ciro Gomes, Geraldo Alckmin, Marina Silva, Álvaro Dias e todos os republicanos em defesa da democracia e em luta contra o designado fascismo.

Não rolou. O temor ao fascismo por aqui não tem o mesmo impacto que na Europa onde as lembranças de Hitler e Mussolini não podem ser apagadas. FHC manteve-se tucano como sempre. Em cima do muro. Recusou Jair Bolsonaro, mas não se declarou para Fernando Haddad. Ciro Gomes e Marina Silva, com métodos diferentes, deixaram entender o seguinte: se o PT não aceitou uma frente com um deles na cabeça para salvar o país do fascismo, por que eles teriam de fazer isso com Haddad no papel de presidenciável? Se o perigo era real, deveria ter sido enfrentado mais cedo, ainda mais que o componente central, aquele que decidiu a eleição, foi o antipetismo. Nada mais óbvio.

Eis o quadro: o PT estabeleceu uma premissa, a de que Bolsonaro representava um perigo para a democracia. Consequências: se acreditava realmente nisso, teria de tomar todas as providências para evitar a vitória do capitão. A mais evidente seria abrir mão da cabeça de chapa para tirar do jogo o elemento antipetista. Ou designar Bolsonaro como fascista e como um perigo para a democracia era só um argumento de campanha para assustar a população e os políticos democratas de maneira a obrigá-los a fazer campanha por Haddad e a devolver o petismo ao poder? Por fim, última hipótese, o PT acredita na sua premissa, mas não se importa com o resultado eleitoral. Era ele ou nada. O PT cobrou de Ciro a grandeza que não teve. Ciro pagou na mesma moeda.

Ninguém entrou de fato no jogo do PT. Ciro, Marina, Alckmin, FHC e outros, no fundo, disseram: não gostamos de Bolsonaro, político de extrema direita, que é um salto no escuro, mas não o vemos totalmente como esse perigo todo para a democracia. Ou viram e se lixaram.

Muitos democratas republicanos devem ter os mesmos preconceitos de Bolsonaro, que minimizam com imaginário adquirido numa época com valores diferentes, ou concordam com as propostas liberalizantes do capitão expressas na sua aliança com o economista Paulo Guedes. O PT pegou o próprio rabo. A isca não foi mordida. Ciro repassou a responsabilidade da eleição de Bolsonaro para Lula. Todos pensaram mais nos seus interesses do que no país.

O Brasil não é a França. Aqui, a esquerda só faz alianças se for para ela ganhar, o centro é de direita, a direita é de extrema direita e a extrema direita não perde por ser fascista. O rótulo não pega. Se na França direita e esquerda se unem no republicanismo de emergência, aqui direita e esquerda se identificam no egoísmo. Só existe a guerra pelo poder. O nazifascismo impôs um limite na Europa.

Não há limite ao sul do Equador.

*30/10*

# Moro, o imparcial com lado

A Mosca Azul
Machado de Assis

Era uma mosca azul, asas de ouro e granada,
Filha da China ou do Indostão.
Que entre as folhas brotou de uma rosa encarnada.
Em certa noite de verão.
E zumbia, e voava, e voava, e zumbia,
Refulgindo ao clarão do sol
E da lua — melhor do que refulgiria
Um brilhante do Grão-Mogol.
Um poleá que a viu, espantado e tristonho,
Um poleá lhe perguntou:
— "Mosca, esse refulgir, que mais parece um sonho,
Dize, quem foi que te ensinou?".
Então ela, voando e revoando, disse:
— "Eu sou a vida, eu sou a flor
Das graças, o padrão da eterna meninice,
E mais a glória, e mais o amor".
E ele deixou-se estar a contemplá-la, mudo
E tranquilo, como um faquir,
Como alguém que ficou deslembrado de tudo,
Sem comparar, nem refletir.
Entre as asas do inseto a voltear no espaço,
Uma coisa me pareceu
Que surdia, com todo o resplendor de um paço,
Eu vi um rosto que era o seu.
Era ele, era um rei, o rei de Cachemira,
Que tinha sobre o colo nu
Um imenso colar de opala, e uma safira
Tirada ao corpo de Vixnu.
Cem mulheres em flor, cem nairas superfinas,
Aos pés dele, no liso chão,
Espreguiçam sorrindo as suas graças finas,

E todo o amor que têm lhe dão.
Mudos, graves, de pé, cem etíopes feios,
Com grandes leques de avestruz,
Refrescam-lhes de manso os aromados seios.
Voluptuosamente nus.
Vinha a glória depois; – quatorze reis vencidos,
E enfim as páreas triunfais
De trezentas nações, e os parabéns unidos
Das coroas ocidentais.
Mas o melhor de tudo é que no rosto aberto
Das mulheres e dos varões,
Como em água que deixa o fundo descoberto,
Via limpos os corações.
Então ele, estendendo a mão calosa e tosca.
Afeita a só carpintejar,
Com um gesto pegou na fulgurante mosca,
Curioso de a examinar.
Quis vê-la, quis saber a causa do mistério.
E, fechando-a na mão, sorriu
De contente, ao pensar que ali tinha um império,
E para casa se partiu.
Alvoroçado chega, examina, e parece
Que se houve nessa ocupação
Miudamente, como um homem que quisesse
Dissecar a sua ilusão.
Dissecou-a, a tal ponto, e com tal arte, que ela,
Rota, baça, nojenta, vil
Sucumbiu; e com isto esvaiu-se-lhe aquela
Visão fantástica e sutil.
Hoje quando ele aí cai, de áloe e cardamomo
Na cabeça, com ar taful
Dizem que ensandeceu e que não sabe como
Perdeu a sua mosca azul.

Faz tempo que a mosca azul picou Sérgio Moro. Ele sempre se apresentou como um juiz imparcial. Por simples circunstância, nunca condenou tucanos. Por outra circunstância dessas da vida o seu foco foi o PT.

Por necessidade, teve de publicar aquele grampo ilegal que levou ao impeachment de Dilma Rousseff. Por outra reles circunstância, condenou Lula o mais rápido possível com escassez ou falta de provas. Foi só coincidência que o TRF-4 tenha confirmado sua sentença em tempo mais rápido ainda.

Moro sempre foi imparcial e neutro. Por circunstância, teve de cancelar uma ordem de instância superior para impedir a soltura de Lula. Azar da hierarquia e da falta de atribuição legal. Nunca lhe passou pela cabeça influenciar eleitores. Não passou de coincidência a sua liberação da delação de Antonio Palocci bem no meio da campanha eleitoral. É claro que ele não pretendia prejudicar as chances do petista Fernando Haddad.

Sérgio Moro nunca teve lado. Ele sempre foi tão imparcial e apartidário quanto o MBL, Kim Kataguiri, Alexandre Frota e Janaína Paschoal. Não passa, portanto, de coincidência que Jair Bolsonaro, presidente eleito pela extrema direita, tenha querido convidá-lo para seu ministério de técnicos imparciais. Sem as decisões circunstanciais e neutras de Moro, Bolsonaro talvez não tivesse chegado à presidência da República. A imprensa internacional não consegue compreender o Brasil. Algumas manchetes de hoje: Financial Times: "Bolsonaro nomeia juiz que ajudou a prender Lula". The Times: "Bolsonaro promete emprego sênior para o juiz que prendeu o seu rival". Malditos comunistas britânicos. Arre!

O jornal francês de direita, uma espécie de Estadão sem o golpe de 1964, foi descritivo: "O juiz que derrubou Lula será ministro da Justiça de Bolsonaro". Nada mais justo? A justiça brasileira está de cara. No popular, Moro saiu do armário, passou recibo, revelou o tamanho da sua vaidade. Bolsonaro entregou: "Parecia um jovem universitário recebendo diploma". Mais feliz do que pinto no lixo. Deslumbrado com o poder recebido. Se faltava um atestado, está dado. Moro, o imparcial, revelou seu lado.

Foi a mosca azul.

*01/11*

# Escola sem partido ou sem verdade?

Papo reto? O que temem os defensores da tal escola sem partido? Simples: a verdade. O que eles querem impedir é que professores digam a verdade em sala de aula. Que verdade? Que o Brasil é racista, machista, homofóbico e profundamente desigual. Que a violência é fruto dessa desigualdade gigantesca e ainda não superada. Que o Brasil não é o produto do cruzamento harmônico de três "raças", negro, índio e branco, mas o resultado da submissão e quase exterminação dos índios e da escravização dos negros em benefício da dominação e da exploração branca.

Que sempre há ideologia. Que houve golpe em 1964. Que não foi um movimento nem um contragolpe. Que o impeachment de 2016 foi uma armação. Que há exploração dos trabalhadores no sistema capitalista. Que se pode ter uma sociedade mais justa e que isso não necessita ter qualquer relação com o comunismo.

O que temem ainda mais? Que se diga que a família não é só homem, mulher e filhos. Que pessoas nascem anatomicamente de um sexo, mas podem não se identificar com ele. Que pessoas podem nascer com uma anatomia, não se identificar com ela, mudar e ter atração por gente do mesmo sexo da sua percepção. Pode-se, por exemplo, nascer homem, sentir-se mulher e ter atração por mulher. Nada de anormal. O que apavora os defensores da escola sem partido? A desconstrução das falsas verdades edificadas como se fossem neutras.

O Brasil não foi descoberto pelos portugueses. Era habitado. Tinha dono. Foi tomado aos índios. O que mais assusta os ideólogos da escola sem partido é a desnaturalização dos seus credos. A escola crítica desmonta as suas falsas verdades naturais. Derruba as suas crenças e os seus mitos.

O que horroriza os defensores da escola sem partido? Que professores provem que ainda não saldamos nossa dívida com os negros. Que a "mão invisível" do mercado não é uma garantia de liberdade e de felicidade. Que existe luta de classes ou conflito de interesses baseado em quem tem e em quem não tem capital a defender. Que a concentração de renda no mundo vem crescendo em vez de diminuir. Que é possível ter sociedades muito mais igualitárias e eficientes mesmo no capitalismo, como na Suécia, e que isso depende de vontade política e de um papel claro do Estado. Que se pode pagar impostos altos, ter retorno e uma vida digna para todos. Que não é mérito pessoal nascer milionário e largar na frente na competição social.

A ideologia da escola sem partido pretende neutralizar a educação para que ela não atrapalhe os seus planos de esterilização das mentes. Propõe a formação de jovens alienados. Por que tanto horror a Paulo Freire? Porque ele mostra o óbvio: aprendemos mais quando trabalhamos e lidamos com a nossa realidade, é fundamental conscientizar cada um da sua situação no mundo e não há neutralidade na escolha dos conteúdos. Reduzir o ensino a português e matemática é uma ideologia anacrônica e conservadora, uma visão de mundo que teme a reflexão, o debate, a crítica e a livre expressão.

*04/11*

# Caxias, o pacificador de Bolsonaro

## (fragmento recortado e comentado de meu livro "História Regional da Infâmia")

Designado para sufocar a Balaiada, no Maranhão, Luiz Alves seguiria essa linha de conduta: "despertar a antiga indisposição contra os negros". Não era a primeira vez que lançava mão desse tipo de estratégia.

Adriana Barreto de Souza prova que o seu biografado aliciou líderes rebeldes, subornou e empregou espiões, nas palavras dele, para "introduzir a cizânia entre eles".

O Maranhão foi um ensaio para São Paulo, Minas Gerais e Rio Grande do Sul. O método Caxias só se aprimoraria.

A Balaiada teve um líder negro, Cosme, que criou uma escola de alfabetização e assassinou um senhor de escravos depois de obrigá-lo a assinar 200 cartas de alforria.

Num ofício de 1º de setembro de 1840 ao ministro da Marinha, Luiz Alves informava ter infiltrado espias entre os rebeldes para provocar a cizânia e "havê-los em grande mortandade".

Todos os métodos eram bons para ele. Mandou carta ao major Carlos Augusto de Oliveira ordenando que pagasse 200 mil réis a cada um dos quatro espias contratados para uma "comissão de alta importância e segredo", "sem exigir recibo para que não fiquem desconfiados".

No Rio Grande do Sul, alguns subornados passaram recibo.

Numa impressionante carta, de 16 de agosto de 1840, ao ministro da Guerra, declarava-se contente com as notícias trazidas por seus espias dando conta de que a "intriga que havia feito espalhar entre os rebeldes" alcançara o objetivo, fazendo com que eles "desconfiassem uns dos outros e se precipitassem a bater mutuamente".

No Maranhão, Luiz Alves usou o dinheiro, segundo ele próprio em ofício ao ministro da Guerra, para "promover a apresentação dos chefes rebeldes Pedrosa, com 1.700 homens, e Cândido com 200, recompensar emissários que disto se encarregavam, pagar espias e escravos que entre outros espalhassem (notícias)".

Foi o introdutor das fake news.

Quando Francisco Ferreira Pedrosa resolveu pedir anistia e se entregar, Luiz Alves fez-lhe saber, conforme comunicou ao ministro da Guerra, que aceitava com uma condição: "Que batesse os negros".

O que aconteceria anos depois em Porongos fica explicado. Porongos torna-se verossímil. Luiz Alves firmava a paz desde que os próprios rebeldes eliminassem os negros: "Era esse o acordo. Por ter empunhado armas contra o governo, devia se redimir através da prestação de serviços à causa legal.

Primeiro, batia os negros. Depois, poderia depor as armas".

A Cabanagem escapou do pacificador.

*05/11*

# Guedes, o pinochetista atrasado

Paulo Guedes é duplamente atrasado: acha que vai ser ministro da Economia de um novo Pinochet, sem o Estádio Nacional, e que só especialista deve falar de economia. Jair Bolsonaro parece estar mais para Geisel. A ideia platônica do intelectual conselheiro do rei nunca funciona. Faz parte do autoritarismo da cultura do especialista. Parafraseando Heidegger, é preciso dizer a Guedes que a essência da economia não é econômica. É política. Ultraliberal e sem noção de coletivo, Guedes quer aprovar a aposentadoria por capitalização aplicada por Pinochet. Foi um fracasso. Gerou 60% de chilenos recebendo aposentadorias menores do que o mínimo.

Bolsonaro é nacionalista, intervencionista e moralista. A sua agenda não é econômica. É moral e ideológica. O seu foco é a luta contra gays, comunistas e professores "doutrinadores". Bolsonaro quer ser Trump. Já comprou briga com a China fazendo mesuras para Taiwan. Provocou a ira do mundo árabe com a ideia de transferir a Embaixada do Brasil em Israel para Jerusalém. Ameaça romper relações com Cuba. Bolsonaro vive na Guerra Fria. Talvez tenha usado Guedes para fisgar o mercado. Uma declaração do presidente eleito deixou os empresários em desespero: o Estado tem um contrato com os aposentados. E contratos precisam ser cumpridos.

Até Bolsonaro sabe que aposentadoria envolve gente. O mercado não sabe. Paulo Guedes se lixa. Está pronto para servir uma pizza requentada como se fosse o prato mais moderno do mundo. Uma massa com molho Pinochet em formol.

As sociedades do futuro, pós-trabalho, terão duas grandes características: transporte público gratuito para todos e uma renda mínima universal para que todos cumpram o papel de consumidores. Robôs pagarão impostos. Lucros e dividendos ainda mais. Aposentadoria por capitalização é um atraso. Significa privatização da velhice. A aposentadoria atual tem três pilares de contribuição: empregador, empregado e Estado. Guedes, o pinochetista retardatário, quer tirar dois da jogada: o patrão e o Estado. Não vai acabar com a Era Vargas, como o enjeitado Michel Temer, o pior presidente da história do Brasil. Vai acabar com a velhice. Bolsonaro está apostando no chamado ministério "técnico". Moro, o imparcial com lado, acha que seu cargo político é técnico. Falta-lhe um mínimo de etimologia.

A ideologia tecnicista, como mostra Dominique Wolton, é uma ilusão autoritária. Bolsonaro anunciou que vai extinguir o Ministério do Trabalho. Guedes quer extinguir os aposentados. Em lugar de um ministério para os trabalhadores, um superministério dos números e negócios e outro da segurança e da vigilância total. Só falta mesmo o Ministério da Moral e da Família. Em um mês, Bolsonaro mandou Paulo Guedes calar a boca três vezes. Se continuar assim, corre o risco de fazer da Fiesp o novo pato. O mercado quer sangue. Muito sangue de aposentado. Bolsonaro hesita. Ele prefere sangue de comunista.

*07/11*

# Rastros da campanha

A polícia gaúcha ainda investiga um caso acontecido em Passo Fundo. Uma menina com síndrome de down recebeu um bilhete à mão no meio do seu material escolar: "negro na senzala/gay no armário/retardado na apae/B17". Por que alguém se autoriza a cometer tamanha violência? De onde vem esse horror pronto a saltar sobre uma criança? Por que o momento político liberou preconceitos tão hediondos? Alguém dirá: é uma exceção. Mesmo? O tenso processo político dos últimos meses deixou um rastro de dúvidas.

Durante a campanha eleitoral, entrevistado, o general Hamilton Mourão, agora vice-presidente eleito, declarou: "Não vejo preconceito no Brasil, sinceramente. Pertenci durante 50 anos a uma instituição na qual isso não existe". Puxou o tema para o seu universo afetivo: "Durante a 2ª Guerra Mundial nós éramos a única divisão multiétnica. Os americanos tinham uma divisão só de negros, o que era um problema. Os ingleses tinham tropas de indianos". Relativizou: "Você coloca muito bem que dos nossos mais de 60 mil homicídios 90% são homens que morrem e uma grande parte deles são uma população mais morena. Isso porque estão centrados nas comunidades mais carentes. Se não entrarmos nessas comunidades e dermos saúde, instrução, continuaremos eternamente nesse problema".

Uma população "mais morena"? Uau!

Um estudante paranaense gravou um vídeo que espantou o país no qual terminava uma espécie de discurso desta forma repugnante: "Tá vendo essa negraiada? Vai morrer! Vai morrer!". Outra exceção? Num banheiro feminino da Universidade Federal de Santa Maria apareceu esta inscrição sem ambiguidades: "Esses pretos fedidos vão morrer". Como assinatura, uma suástica e #B17. Jair Bolsonaro disse algumas vezes que não podia se responsabilizar pelos atos de tantas pessoas. Enfatizou que pretende unir o Brasil e que não é racista, machista e homofóbico. A questão, porém, ainda é: por que se reconheceram nele pessoas com esses tristes pensamentos?

Imagino alguém dizendo: "Aceita que dói menos". Ou: "Já era". Não é isso. O caso de Passo Fundo ainda não foi solucionado. Também não se conhece ainda o assassino de Marielle Franco, negra, gay e de esquerda. Em Natal, uma mãe fantasiou o filho de escravo para uma festa escolar de Halloween. No Twitter, ela postou: "Ñ leiam livros d História do Brasil. Eles dizem q existiu escravidão d negros no país, mas isso é mentira. Ñ discuta com essa afirmação, pois vc estará sendo racista, A PIOR PESSOA, um lixo. Só ñ entendi ainda se o problema foi a fantasia ou o '17' na foto".

Bolsonaro, se quiser de fato unificar o país, terá muito trabalho para desautorizar os que disseminaram atitudes e falas discriminatórias sentindo-se legitimados pela adesão à sua candidatura. Os posts contra nordestinos inundaram a internet. Um deles, bastante difundido, dizia: "Campos de concentração para baianos já". Pode ser que tudo se resuma ao desabafo do grande intelectual Umberto Eco: "As redes sociais deram voz aos imbecis".

Essa frase, contudo, pode ser considerada preconceituosa.

O preconceituoso não suporta que lhe apontem o dedo.

*08/11*

# Caxias, o matador de negros

Se há um personagem detestável na história brasileira é Caxias. De pacificador, nada teve. Quando alguém o defende, sem ou com razão em algum ponto, eu perco a calma. Sou capaz de cuspir marimbondo e de passar dos limites.

Este fragmento escrito por Caxias depois de esmagar a Balaiada é para mim o pior que alguém poderia escrever: "Não existe hoje um só grupo de rebeldes armados, todos os chefes foram mortos, presos ou enviados para fora da província... Se calcularmos em mil os seus mortos pela guerra, fome e peste, sendo o número dos capturados e aprisionados durante o meu governo passante de quatro mil, e para mais de três mil os que reduzidos à fome e cercados foram obrigados a depor as armas depois da publicação do decreto de anistia, temos pelo menos oito mil rebeldes; se a estes adicionarmos três mil negros aquilombados sob a direção do infame Cosme, os quais só de rapina viviam, assolando e despovoando as fazendas, temos onze mil bandidos que com as nossas tropas lutaram, e dos quais houvemos completa vitória. Este cálculo é para menos e não para mais: toda esta província o sabe".

Toda vez que releio esse texto, fico com raiva.

Sempre tem mais quando se trata de Caxias.

Num ofício de 1º de setembro de 1840 sobre a Balaiada ao ministro da Marinha, Luiz Alves informava ter infiltrado espias entre os rebeldes para provocar a cizânia e "havê-los em grande mortandade".

Como podem os tradicionalistas gaúchos louvarem Caxias, o mandante do massacre de Porongos, que assim dissimuladamente descreveu a atitude dos heróis farroupilhas no episódio?

"Abreu rompera alvorada no Campo dos Porongos; atacando Canabarro e seus imediatos Neto e João Antônio, os quais vergonhosamente se deixaram surpreender, e sem fazerem a menor resistência, atônitos e confusos trataram unicamente de fugir".

Caxias me faz ser grosseiro.

Ele não esteve na Cabanagem, no Pará, como li nesta matéria do jornal Extra: "Entenda quem foi o Duque de Caxias: citado por

Bolsonaro como pacificador, militar reprimiu revoltas populares e foi líder" (https://extra.globo.com/.../entenda-quem-foi-duque-de...).

Para sujar a sua biografia bastam a Balaiada, no Maranhão, e a Farroupilha, no Rio Grande do Sul, onde combinou o massacre de Porongos.

O bolsonarismo me tira do sério.

*09/11*

# Curiosos tempos bolsonaristas

Há sempre algo de infantil nas falas de Sérgio Moro. Se alguém parece culpado, é culpado. A lógica conta mais que a prova. Se algo pode lhe favorecer, é legal. Era flagrante o descumprimento da lei por Moro ao, como juiz em férias, participar da constituição de um novo governo. A explicação dele era de escola maternal: só estava colaborando. Queria mamar as férias. Por outro lado, dizia que precisava proteger a família de um imprevisto, um atentado. O que a nação tinha a ver com isso? Se resolvera mudar de profissão, o risco era dele. Moro não aplica a si os seus critérios de ilação.

Num julgamento, não sendo ele o objeto, certamente concluiria que quem divulga delação uma semana antes da eleição, prejudicando um lado, e depois aceita integrar o governo vencedor, agia de caso pensado. Não se deve esquecer que ele foi sondado antes do pleito.

Há sempre algo de contraditório nas falas de Jair Bolsonaro. Ele abomina ideologias. Mas, antes mesmo de assumir, arranjou briga com o mundo árabe, falando, por ideologia, em transferir a Embaixada do Brasil para Jerusalém. Arranjou briga com a China ao, por ideologia, afagar Taiwan. Arranjou briga com Cuba ao, por ideologia, falar em romper relações diplomáticas com a Ilha. Arranjou briga com a Europa ao, por ideologia, escolher um ministro das Relações Exteriores messiânico que vê o continente europeu como um vazio cultural. Arranjou briga com a população pobre do Brasil ao, por ideologia, levar Cuba a retirar seus médicos das nossas cidades.

O doente não quer saber se o médico é comunista ou capitalista, quer o atendimento. Além disso, o atendimento dos cubanos era aplaudido pelos principais interessados. Bolsonaro preferiu estimular a ideia de que o avental dos nossos médicos jamais será vermelho. Será branco imaculado.

Há algo de obscurantista no bolsonarismo intelectual. O guru da turma é um astrólogo que se diz filósofo ou um suposto filósofo apaixonado por astrologia. Claro que, segundo ele, a sua astrologia não é a dos horóscopos de jornal, mas a da cultura erudita de outros tempos. Quantos filósofos sérios de hoje encontram alguma astrologia para louvar? A filosofia bolsonarista prega contra ideologia de gênero. Os gays são os seus bárbaros. O Ocidente estaria ameaçado pela dissolução de costumes.

Há algo de preocupante no que vem por aí até para quem votou em Bolsonaro: ele namora a ideia de privatizar a aposentadoria de todo mundo (regime de capitalização, que tira empregador e Estado da jogada), flerta com a possibilidade de facilitar a demissão de funcionários públicos, defende a prática de policiar professores em sala de aula para que não desmontem as ideologias disseminadas pelas narrativas dominantes ao longo dos séculos e, para livrar o país das ideologias como a do Foro de São Paulo, pretende, por ideologia, criar um Foro de São Paulo de direita.

Há algo de anacrônico em Paulo Guedes, o ministro da Economia de Bolsonaro. Ele quer implantar no Brasil o modelo econômico ultraliberal de Pinochet. Mas o seu presidente tem no DNA o intervencionismo de Geisel.

Há algo de esquisito num mundo que passa a ter quatro inimigos: os gays, os comunistas, os professores e os funcionários públicos. Uau!

*18/11*

# Wöllner, o Posto Ipiranga da Prússia ou a gênese do "escola sem partido"

Johann Christof Wöllner foi o Posto Ipiranga de Frederico Guilherme II da Prússia, que reinou de 1786 a 1797. Wöllner começou como intelectual palpiteiro, tornou-se conselheiro das finanças e terminou decidindo no lugar do soberano quando este, mais interessado em outros temas, se embananava com a complexidade dos assuntos do dia a dia. Fez o rei entrar na sua seita.

Em 1794, a turma dele mandou um ultimato para um certo filósofo chamado Immanuel Kant: "Nossa altíssima pessoa ficou muitíssimo contrariada ao observar que fazeis mau uso de vossa filosofia para solapar e destruir muitas das mais importantes e fundamentais doutrinas das Sagradas Escrituras e do Cristianismo". Exigia-se uma explicação e uma retratação: "Se continuardes a vos opor a esta ordem, podereis esperar consequências desagradáveis".

O velho Kant tentou não se impressionar.

Acusado de praticar gramscismo muito antes de Gramsci existir, respondeu que todo pensador tinha direito de opinar sobre religião e sobre o que bem entendesse. Mas, homem "razoável" que era, sempre com o criado a carregar-lhe um enorme guarda-chuva nos passeios diários diante da menor nuvem no céu, aceitou ficar em silêncio. Wöllner antecipou o escola sem partido.

O antecessor de Frederico Guilherme II considerava Wöllner um "padre traiçoeiro e intrigante". Will Durant apresenta-o "dividido entre a alquimia e os mistérios rosa-crucianos". Só lhe faltava a astrologia. Os rosa-cruzes pregavam uma "reforma universal da humanidade". Que medo!

Durant revela o homem na sua plenitude: "Em 1788, Wöllner expediu um decreto que proibia qualquer ensinamento, na escola ou na universidade, que desviasse da forma ortodoxa". Preocupado com os freirianos da época, "criou uma rigorosa censura para todas as formas de publicação e ordenou a demissão de todo professor suspeito de alguma heresia".

A educação devia ensinar exclusivamente a verdade e servir à pátria pela afirmação dos valores fundamentais para a coesão social. Os seus inimigos eram os iluministas, especialmente os franceses, que, com suas ideias vermelhas globalistas, melhor, universalistas, de um novo gênero, minavam os fundamentos do Ocidente.

A bibliografia escolar foi revisada. Só a cartilha oficial se tornou permitida. A vigilância não dava mole.

Wöllner firmou-se como conselheiro de Estado e Justiça. Chefiou o Departamento Religioso. Era uma espécie de Ministério da Família. Foi um superministro: Sérgio Moro, Paulo Guedes, Onyx Lorenzoni e o ministro da Educação num só.

Frederico Guilherme II da Prússia sucedeu a Frederico, o Grande, déspota esclarecido, amigo de grandes filósofos como Voltaire, amante das artes, escritor, compositor, tido como homossexual ou bissexual, responsável pela abolição da tortura, pela criação de escolas fundamentais e por garantir tolerância religiosa. Um mau exemplo.

Frederico Guilherme I, o rei Sargento, pavimentara o caminho recebendo refugiados franceses, abolindo a servidão, criando escolas para crianças estrangeiras e defendendo camponeses contra a violência do agronegócio, isto é, segundo a erudita Wikipédia, os abusos dos senhores proprietários.

Nada se cria. Tudo retorna como tragédia.

O mundo é uma farsa.

Qualquer coincidência é mera semelhança.

*19/11*

# Começa uma nova era

E assim se prepara o começo do governo Jair Bolsonaro, eleito em nome do novo na política, do combate à corrupção e do fim dos conchavos:

1) O chamado ministério técnico, sem ideologia, tem três ministros do velho DEM, que um dia foi Arena, o partido da ditadura, o esteio do regime que há 50 anos baixou o infame AI-5 e atolou o Brasil no escuro.

2) Seis ministros têm de explicar alguma coisa à justiça: Onyx Lorenzoni enfrenta mais uma acusação de caixa 2. Paulo Guedes é objeto de inquérito por gestão irregular de fundos de investimento. Teresa Cristina lida com cinco ações por rolos com fundos agropecuários. Luiz Mandetta é suspeito de fraude em licitação, tráfico de influência e caixa 2. Os três ministros do DEM juntos podem pedir música no Fantástico ou é o DEM que tem esse direito? Marcelo Álvaro Antônio responde a uma ação criminal por causa de um terreno. Já Ricardo de Aquino Salles é réu de ação civil pública ambiental e de improbidade administrativa. Augusto Heleno foi condenado pelo TCU por assinatura de convênios ilegais. Marcos Pontes, o astronauta com a cabeça na lua, que se aposentou na idade provecta de 43 anos, foi investigado por suspeita de ser dono, ainda na ativa, de uma loja especializada em vender produtos Marcos Pontes. Prescreveu. Só ficou essa nota de rodapé.

E assim se prepara o começo de uma nova era. O juiz Sérgio Moro, antes tão lógico e pronto a ligar fios para condenar sem o aborrecimento das velhas provas materiais, vistas como subterfúgios para facilitar a impunidade, agora se contenta com pouco e dá por esclarecido o que permanece absolutamente sombrio, obscuro e suspeito.

Vejamos:

– Um motorista e policial que recebe R$ 23 mil por mês somando seus dois salários movimenta um milhão e duzentos mil na sua conta bancária;

– Ele saca logo depois, às vezes no mesmo dia, de receber depósitos;

– Ele recebe depósitos de oito funcionários do seu chefe;

– O seu chefe é deputado no Rio de Janeiro;

– Os depósitos dos funcionários coincidem com o dia de recebimento de seus salários pagos pelos impostos dos esfalfados cariocas;

– O motorista recebe e saca, às vezes em mais de uma agência;

– Um cheque dele vai parar na conta da esposa do novo presidente da República, que diz ser o ressarcimento de um empréstimo feito. Sérgio Moro aceita a explicação como um esclarecimento suficiente. Não tem mais powerpoint. Não tem mais teoria do domínio do fato. Nada mais. O presidente diz que o cheque foi para a conta da mulher por ele não ter tempo de sair. Mas todo dia tem imagem dele indo ao caixa eletrônico.

– Quem se espanta, pergunta: por que o motorista se esconde? Por que o deputado, filho do presidente, que falou com o motorista, não diz onde ele está? Por que um sujeito que movimentou um milhão na sua conta precisava de um empréstimo de 40 mil? Por que funcionários do seu chefe depositavam na sua conta quantias em dias de recebimento de salário? Pode se suspeitar de uma caixinha? Seria apropriação de parte dos salários dos funcionários pagos com dinheiro público? Por que Bolsonaro não declarou o empréstimo ao Imposto de Renda? Por que Bolsonaro não mostra logo os extratos das transferências para o motorista? Por que o motorista e a filha se demitiram um dia antes de começar a operação que colocaria fogo no circo e os deixaria na lona? O que se diria se o motorista do filho deputado de, digamos, Lula movimentasse uma conta milionária e depositasse um cheque na conta de Dona Marisa?

Pode ser tudo legal. Não cabe prejulgar. Pode ser que o motorista coletasse fundos para uma cesta de Natal ou para ajudar os amigos a gerir o próprio dinheiro. Por que não? O que chama a atenção é a falta de pressa em resolver, a indulgência dos antes incansáveis críticos de atos estranhos ou suspeitos, as evasivas, os chiliques, a enrolação.

E assim se prepara um novo tempo:

– O general Augusto Heleno acha que o presidente não será atingido pois "o que apareceu dele é irrisório, uma quantia pequena, e ele mesmo já explicou". Novo paradigma? A partir de que valor passa a atingir?

Assim começa a grande reforma, o choque de gestão.

– Promete-se reduzir os ministérios de 29 para 15. A conta fecha em 22. Para reduzir o número de pastas, sem real economia, misturam-se alhos e bugalhos. Um ministério cuidará de bolsa-família, arte, quadras de esportes, drogas e cidadania. Os inimigos do novo governo são o IBAMA, a ONU, os gays e os professores acusados de ideologização.

E assim se prepara a transição: por ideologia, muita ideologia, condena-se o Mais Médicos com profissionais cubanos. Promete-se resolver a situação com médicos brasileiros, que existem, mas continuam não querendo ir para os lugares mais distantes e precários.

E assim surge o sol: funcionário de filho do novo presidente passou 240 dias no exterior recebendo salário do contribuinte brasileiro. Não confundir com mamata, teta ou privilégio. Era certamente necessidade.

Estaria disseminando o bolsonarismo em Portugal?

E assim anda a carruagem dos novos tempos.

Polícia Federal pediu ação contra Aécio Neves 45 dias antes das eleições.

PGR não teve tempo de enviar ofício ao STF. O tucano se reelegeu.

Nuns casos, velocidade da luz. Noutros, passo de cágado.

La nave va.

Fim de ano, cobranças menores. A corrupção passou. Todas essas coisas são mesquinhas. O importante é que o Bolsonaro é anticomunista, nunca mais teremos Foro de São Paulo e não nos tornaremos uma Venezuela. Seremos o Chile de Pinochet sem o Estádio Nacional, mas, se prevalecer o ideal do governador do Rio de Janeiro, "atirando na cabecinha". Além disso, todo cuidado é pouco ou o PT volta. O trabalho será regido, segundo o ideal de Bolsonaro, pela informalidade. Estuda-se demitir funcionário público. A reforma da Previdência nos fará trabalhar até morrer pelo bem dos nossos ricos.

Numa demonstração de que não tem preconceitos, Bolsonaro declarou sobre imigração: "Não podemos admitir deixar chegar gente de uma determinada cultura e quererem se casar com nossas filhas e netas de 10, 11 ou 12 anos de idade. Porque isso é cultura deles". Que homem?

Ele está disposto a pagar por erros se houver.

Quanto? Com o mandato?

Claro que ele vai explicar tudo. Onyx garante. Fora disso só há maledicência, choro de comunista, fofoca. Sérgio Moro garante.

O novo tempo se mostra alvissareiro.

Como diria o folclórico Eymael: sinais, fortes sinais!

*13/12*

2019

# Saia justa

Marco Aurélio Mello botou Toffoli na maior saia justa. Com quem o presidente do STF vai ficar? Com a Constituição, que prevê a prisão depois do trânsito em julgado, ou com a necessidade de provar que não é petista?

Marco Aurélio liberou as ações que estavam com ele. Esperou oito meses e não viu o tema urgente ser pautado.

Esperou o último dia e soltou a bomba.

O pleno não pode mais se reunir.

Só Toffoli pode desautorizá-lo.

Se o fizer será por um motivo psicanalítico: mostrar que não é petista. Jurista de proporções reduzidas, Toffoli poderá sair ainda menor do rolo. Se mantiver a liminar de Marco Aurélio, será odiado pela direita. Se derrubar a decisão, ignora a Constituição, mas se salva diante do bolsonarismo midiático e jurídico.

O que fará? Parece óbvio. Não?

*19/12*

# 2019

# Traduzindo Bolsonaro

Jair Bolsonaro precisa de tradução.

Quando ele diz que acabou o socialismo no Brasil, quer dizer que vai predominar a lei do mais forte, com enfraquecimento de políticas sociais e de ajuda a pobres.

Quando diz que vai combater ideologia de gênero, quer dizer que vai, no máximo, tolerar gays, se estes forem discretos.

Quando diz que nossa bandeira nunca será vermelha, brinca de super-homem com a farda sob o terno. Feliz 1964!

Quando diz que vai eliminar o lixo marxista das escolas e universidades, quer dizer que vai controlar o conteúdo das aulas e impor uma ideologia de direita como padrão narrativo.

Quando diz que vai combater o viés ideológico, quer dizer que só valerá a sua ideologia.

Quando diz que vai acabar com o politicamente correto, quer dizer que vai liberar comentários e atitudes racistas, machistas e homofóbicas. Será possível novamente até ganhar dinheiro com piada sobre "negão" e "viado".

Quando diz que índio quer ser como nós e que nosso sistema de vida é melhor do que o deles, quer dizer que as terras indígenas estarão à disposição do agronegócio.

Entender a língua de Bolsonaro é fácil.

Bastar usar um aplicativo de conversão ideológica para decifrá-la.

*02/01*

# Tolerância

Falam que estamos vivendo uma época de intolerância. Os fatos derrubam essa tese. A nova era é de tolerância absoluta. O chefe da Casa Civil, o gaúcho Onyx Lorenzoni, foi pego uma primeira vez no caixa 2. Admitiu, pediu desculpas e ficou tudo bem. Em 2017, o juiz Sérgio Moro, em palestra nos Estados Unidos, havia sido intolerante: "Temos que falar a verdade, caixa 2 nas eleições é trapaça, é um crime contra a democracia".

Sobre o "deslize" de Onyx, Moro foi tolerante: "Ele mesmo admitiu os seus erros, pediu desculpas e tomou as providências para repará-los". Depois disso, Lorenzoni foi citado num segundo caso de caixa 2. Nos últimos dias, o ministro tem sido objeto de manchetes contundentes: "Onyx usou notas em série emitidas por amigo para receber verba de gabinete". O valor obtido chega a R$ 317 mil com 80 notas usadas.

O ministro emitiu declaração oficial sobre as notas. Foi categórico: não há irregularidade. Falou em manchete caluniosa. Está tudo bem. Onyx também usou verba da Câmara dos Deputados para viajar em campanha por Bolsonaro, o que não é permitido por ato da mesa diretora do parlamento. A explicação do ministro mostra o grau de tolerância que atingimos: "Eu tenho a prerrogativa e direito de andar no lugar do Brasil que eu quiser e eu estava ajudando a construir o que, hoje, nós estamos vivendo: a transição de um novo futuro para o nosso país". Ficou tudo bem. Claro.

O filho do vice-presidente da República, general Hamilton Mourão, foi nomeado para um cargo de confiança no Banco do Brasil. Em outros momentos, seria "nepotismo", influência política, apadrinhamento, essas coisas. O pai saiu em defesa do rebento: "Meu filho, Antônio, ingressou por concurso no BB há 19 anos. Com excelentes serviços, conduta irrepreensível e por absoluta confiança pessoal do presidente do banco foi escolhido por ele para sua assessoria. Em governos anteriores, honestidade e competência não eram valorizados". O novo presidente do Banco do Brasil, Rubem Novaes, botou panos quentes: "Antônio é de minha absoluta confiança e foi escolhido para minha assessoria, e nela continuará, em função de sua competência. O que é de se estranhar é que não tenha, no passado, alcançado postos mais destacados no banco". Está tudo bem. Vida que segue.

Fabrício Queiroz, assessor do deputado Flávio Bolsonaro na Assembleia Legislativa do Rio de Janeiro, movimentou um milhão e duzentos mil reais na sua conta. O Coaf considerou a situação atípica. O assessor recebeu dinheiro de funcionários do chefe em dias de pagamento na casa. O Ministério Público chamou Queiroz para explicar-se. Ele não foi. Duas vezes. Mas deu entrevista à televisão. Declarou que estava doente. Foi operado no dia 1º de janeiro no hospital Albert Einstein. A família, convocada pelo MP, também não compareceu. Alegou que precisava cuidar do doente, carioca internado em São Paulo. Queiroz avisou que vai esclarecer tudo. O MP está mais paciente. Acabou de vez a intolerância. Uma nova era.

*09/01*

# O dilema de Moro ou um segredo de família

Sérgio Moro é o chefe do Coaf.

Se dados vazaram e ele os conhecia, fingiu desconhecê-los e pecou por acobertamento.

Se não os conhecia, revela grosseira incompetência.

Mesmo que os dados tenham sido enviados ao MP/RJ antes de ele assumir, como, na parte mais recente e comprometedora para Flávio Bolsonaro, só vieram à tona depois, imagina-se que, ao passar a ter o Coaf sob o seu comando, Moro foi ver o que havia sobre o filho do chefe e sobre os demais deputados do Rio de Janeiro citados no rolo.

Resultado: Moro passou a fingir ignorar o que antes condenava, esperando que nada vazasse.

Mudou de lado no balcão.

Como sempre, claro, vazou.

Alguém sempre tem interesse em vazamentos.

Moro certamente sabe disso por experiência própria.

Na Suíça, Moro teve de falar de abstrações.

O concreto incomoda.

É duro como pedra e não poupa ninguém.

Mesmo que Flávio seja totalmente inocente, havia no relatório do Coaf anotações sobre movimentações suspeitas em sua conta. Moro estava obrigado a saber disso.

Só não podia nos contar.

Pela Teoria do Domínio do Fato, Moro não pode não saber do que lhe é afeito. No mínimo, por curiosidade. No máximo, por responsabilidade. No meio-termo, por estratégia.

É assim como dizia Marx, embora citar esse nome seja politicamente incorreto em tempos de caça aos comunistas, "tudo o que é sólido desmancha no ar".

Antes, Moro, com toda razão. corria atrás dos fatos escondidos.

Agora, foge deles.

As reputações tornam-se gasosas ou líquidas.

*23/01*

# Simplificando

O governo de Jair Bolsonaro nunca escondeu que apostaria no simples. Está cumprindo as promessas de campanha. A ministra da Família deu o tom: "Menino veste azul, menina veste rosa". Toda a visão de mundo do bolsonarismo está contida nessa fórmula colorida. O resto é decorrência. O ministro Sérgio Moro, que sempre teve mais alma de promotor e de policial do que de juiz, aposta num projeto anticrime que autoriza policial a matar com base num critério de subjetividade objetivo: "escusável medo, surpresa ou violenta emoção". Como diria o capitão, o que não cabe nisso daí?

A filosofia do bolsonarismo para o meio ambiente é ainda mais simples: a culpa é das multas aplicadas pelo IBAMA, não dos infratores. Antropologicamente falando, a visão dos novos donos do poder passa a régua no que se pensava até agora: índio é ser humano como todo mundo. Logo, não pode receber tratamento especial nem ter reservas de terra, pois isso equivaleria a trancá-lo num zoológico. Que vá à luta! Em termos sociais, sexuais e de minorias, o lema do bolsonarismo simplifica ao máximo:

– Sem mimimi!

O ministro da Educação não fica atrás em simplismo: o país precisa de moral e cívica. Universidade é para elite. O brasileiro, segundo o colombiano Ricardo Rodriguez, é um canibal que rouba o que vê pela frente no exterior, de banco de avião a coisa de hotel. O guru do bolsonarismo, Olavo de Carvalho, não deixa por menos: não haveria provas de que a Terra orbita em torno do Sol. Um deputado do PSL, partido do regime, quer proibir certos anticoncepcionais e multar as usuárias. O presidente do PSL, Luciano Bivar, que deve simplesmente ser chamado de dono da sigla, acha que política "não é muito de mulher". Ministério da Saúde defende amplamente o retorno dos manicômios e do tratamento com eletrochoques.

O ministro da Fazenda, Paulo Guedes, formado em Chicago, seria o elemento mais sofisticado do regime. Ele quer implantar no Brasil o regime de capitalização imposto pelos militares aos civis chilenos. Os milicos de Pinochet tomaram o cuidado de não entrar nessa canoa furada. A ideia é de uma simplicidade brutal, digna de

Nobel da economia: cada um poupa para a sua velhice e estamos conversados. Mas e se a pessoa não quer poupar? O liberal Guedes, que defende Estado mínimo e detesta intervenção estatal na vida privada das pessoas, obrigará cada brasileiro a fazer a sua poupança. Pronto. Acabou. Como foi que não se pensou nisso antes? Como foi que se demorou tanto a optar por algo tão simples e lacrador? Por que as grandes democracias ocidentais não aplicam esse método simplesmente genial?

Raras vezes se teve um governo com ideias tão simples. É tanta simplicidade que não há diferença entre simplicidade, simplismo e simplificação. Tudo se resume a "homem é homem, mulher é mulher", "bandido bom é bandido morto", "quem trabalha, come", "manda quem pode, obedece quem precisa". No meio de tanta simplificação, o general Mourão, vice-presidente da República, aquele mesmo que chamou índio de naturalmente indolente e africano de malandro, virou o intelectual mais refinado da corte.

Ainda mais quando o ministro do Meio Ambiente afirma que Chico Mendes não faz diferença alguma e o ministro das Relações Exteriores, cujo avô impediu a deportação de um nazista conhecido como "besta humana", com ajuda do avô do atual presidente do TRF-4, que votou contra a extradição do animal, afirma que o nazismo é ideologia de esquerda e que o problema foi a ênfase no socialismo e não no nazismo mesmo. Simplificando, é isso daí.

Tá ok?

*12/02*

# Massa não responde

O problema é que parte da massa não responde mais. Durante muito tempo, a massa foi controlada com três dispositivos: a fé, o adestramento (ideologia e educação) e o chicote. A massa é um enigma. Parte se submete. Outra parte nunca se verga. A lei geral da massa diz que o todo sempre se divide. O drama atual dos dominantes é que parte da massa, uma parte maior do que antes, não se reconhece mais na fé que lhe é servida, não assimila os valores difundidos pela educação e não teme o chicote. Não é que o castigo não seja mais aplicado, embora o chicote seja proibido. O castigo agora é a morte em confronto ou a vida em prisões abarrotadas. As penas são leves quando separadas. Cada um, porém, cumpre uma sequência.

De certo modo, parte da massa escolhe o crime como uma carreira, por não considerar interessante a perspectiva da vida miserável apresentada como alternativa, e considera as penas como parte do serviço. Parte da massa funciona, feliz ou infelizmente, por punição e recompensa. A recompensa ofertada pela adesão ao sistema é baixa. A punição, mesmo horrorosa, não é dissuasiva. A ideia de dissuasão foi superada pela indiferença do criminoso. Por um lado, cada um pensa que não será apanhado. Por outro lado, cada qual acha que não tem jeito mesmo e liga o "foda-se" radical que diz: o sistema não é atrativo. As recompensas metafísicas, pedagógicas e físicas (ausência de castigo) não bastam.

O que fazer? Aumentar as punições? Armar todo mundo para uma guerra civil cotidiana em doses nem tão homeopáticas assim? Enfrentar o mal na raiz? Qual é a raiz? A hipótese mais radical é também a mais simples: a desigualdade. O que possuem em comum os países onde a violência é menor? Um nível de desigualdade menor do que o brasileiro. Quando a desigualdade atinge certo patamar, a fé, a ideologia e o castigo não funcionam mais como freios. Nenhuma narrativa consegue barrar o salto para o abismo.

O sistema vai continuar apostando nos seus mecanismos tornados inúteis ou vai se dar conta de que precisa se modificar para voltar a funcionar conquistando a adesão daquela parte da massa que lhe escapa? Pensadores conservadores sabem que a tradição é o cimento social mais efetivo contra a divergência de massa. É por isso que lamentam a dessacralização produzida pela ciência. Só que a ciência não exige a desigualdade como fundamento. Ao contrário. Em sociedades laicas, a igualdade é ainda mais fundamental para manter a coesão e a ordem.

As sociedades tradicionais prometiam o paraíso, assustavam com o inferno, adestravam para o sacrifício em nome da pátria, inculcavam os valores dominantes como ideologia, mecanismo pelo qual o dominado se reconhece nos valores do dominante e os assume como seus, e, nos casos extremos, recorriam ao chicote. É disso que muitos sentem saudades. O que alguns pretendem é fazer a parte insubmissa da massa responder novamente. Para isso, querem dobrar a aposta nos mecanismos tradicionais.

Contra a indiferença atual, a metodologia do passado. Contra o vazio do presente, o excesso de antes. Pode funcionar? Basta que parte da massa volte atrás. Não é, Sérgio Moro?

*22/02*

# Ato obsceno

Voltei de férias determinado a mudar de assunto. Depois de muita reflexão, fixei uma ideia: chega de Bolsonaro. Concluí que há coisas mais interessantes para tratar. Sou um homem livre. Posso falar disto e daquilo. Por que me manter focado em Bolsonaro e seus filhos sendo que isso chega a dar nos nervos? Por que esquadrinhar as declarações do tal Queiroz, que passou de vendedor de carros a administrador do salário dos colegas em benefício do aumento do número de cabos eleitorais do chefe, o agora senador Flávio Bolsonaro? Bati nas teclas três vezes e repeti: chega de Bolsonaro. Só não contava com o próprio Jair Bolsonaro para me obrigar a falar dele. Como não comentar o vídeo obsceno retuitado pelo presidente da República? A mídia internacional caiu em cima. O mundo está espantado. Posso me calar?

O jurista Miguel Reali Jr., o mesmo que subscreveu o pedido de impeachment de Dilma Rousseff, inimigo jurado da esquerda, declarou ao jornal O Globo que a postagem de Jair Bolsonaro pode justificar um pedido de impedimento do chefe da Nação por quebra de decoro. O filósofo Roberto Romano, professor de ética da Unicamp, detonou: "Bolsonaro cometeu um atentado ao decoro público, ao decoro do cargo e da República brasileira. Foi um dos atentados mais violentos que um chefe de Estado já fez à moralidade pública. É ainda pior, para além das imagens, ele ter afirmado que esse comportamento é comum nas festas de carnaval do país. Ele atribuiu o comportamento de duas pessoas a milhões e milhões delas. Com que direito ele faz isso?". O Brasil está perplexo. Bolsonaro não se toca. Ele gosta disso.

Eu só queria falar de casa de campo, mar azul e viagens maravilhosas. Deixaria a reforma da Previdência para outros. Cuidaria só do que me faz feliz e não aborrece quem pensa diferente. Eu pretendia ser um novo homem. Tinha acabado de reler "Tonio Kröger", de Thomas Mann, e revirava na mente uma frase: "Não se deixar vencer pela tristeza do mundo". Olhar o lado bom de tudo. Parece que sempre há um lado bom, se não em tudo, em muitas coisas.

O meu chega de Bolsonaro não era um fora, Bolsonaro. Quem sou eu para tentar cancelar o voto dos eleitores ainda que muitos tenham caído em fake news! Eu só pretendia ser outro. Um cara tranquilo. Mas depois do vídeo replicado por Bolsonaro recaí em outra afirmação de Tonio Kröger: "Não se deve seduzir para a poesia aqueles que preferem ler livros sobre cavalos, com ilustrações". Nada tenho contra os cavalos. Muito menos contra as ilustrações.

Tenho muito a favor da poesia.

O vídeo obsceno difundido pelo presidente da República inaugura uma nova era: a da vulgaridade como forma de promover a edificação dos espíritos. Pornografia com ilustrações. O chefe da nação agiu certamente com intenção pedagógica. Uma pedagogia da obscenidade. A chinelagem como método educativo. Qual foi o ato mais obsceno: o praticado no vídeo ou a sua difusão pelo presidente? Eu não queria falar de Bolsonaro. Eu tinha tantos planos. Eu queria, como Kröger, "viver livre da maldição do conhecimento e do suplício criador" ou da maldição e suplício da crítica. Falhei. Bolsonaro me devolveu impiedosamente à nua e crua realidade. Pelo menos não é mais preciso falar de Temer.

*07/03*

# Bolsonaro deu muito e recebeu pouco

Jair Bolsonaro encontrou o seu ídolo, Donald Trump. Ajoelhou-se, babou, entregou muito e voltou de mãos vazias. Ou com a bolsa cheia de promessas com preço fixado.

Foi tratado pela direitista Fox como político de extrema direita próximo de grupos de moralidade duvidosa.

Ofereceu a Amazônia aos americanos.

Humilhou o seu ministro das Relações Exteriores em público ao trocá-lo pelo filho na conversa reservada com o ícone.

Ofendeu a comunidade brasileira irregular nos Estados Unidos e, como sempre, teve de recuar.

Pagou mico ao lado do endomingado Olavo de Carvalho num jantar de combate ao espectro do comunismo.

Terminou a visita a Donald Trump no seu melhor estilo machista pedindo à tradutora que caprichasse na mensagem ao anfitrião: "Nós temos a idade das mulheres que amamos".

O babão orgulha-se de pegar uma novinha.

Enfim, a viagem foi um sucesso.

*20/03*

# 80 dias de governo Bolsonaro

1) Popularidade despenca. Um recorde para um novato.

2) Ex-Moro apanha do eterno Rodrigo Maia e se autovaza em áudio para tentar mobilizar as redes sociais.

3) Viagem aos Estados Unidos consagra o entreguismo.

4) Militares adotam o governo e fazem da reforma da Previdência um plano privado de garantia corporativa.

5) Laranjal do PSL floresce.

6) Ministro do Turismo fica apesar do tamanho das laranjas.

7) Filhos de Bolsonaro alternam-se na provocação de confusões.

8) Olavo de Carvalho, intelectual do regime, manda ministro da Educação, indicado por ele mesmo, tomar no cu (sic).

9) Eduardo Bolsonaro é ministro alternativo das Relações Exteriores para chilique do titular barrado no Salão Oval da Casa Branca para conversa reservada com ídolo.

10) Onde anda o Queiroz?

*21/03*

# Represália da Lava Jato

A prisão de Michel Temer, ao contrário do que possa parecer, confirma a tese petista da perseguição política.

A perseguição não é exclusiva ao petismo.

Mas ao que se considera um núcleo, mesmo que circunstancial. Ela não é feita a partir de ficções.

Parte de indícios ou realidades e molda narrativas.

A Lava Jato sempre que se sente acossada dá o troco.

Temer e Lula pertencem para a Lava Jato ao mesmo campo.

O campo ao qual se opõe supostamente o bolsonarismo que a Lava Jato cauciona, apoia e corresponde ideologicamente.

Sérgio Moro não está no governo Bolsonaro por acaso, mas por identificação ideológica, programática e pragmática.

A extrema direita junta num mesmo espectro tudo que não lhe é espelho. Talvez por isso seja mais lenta em relação ao PSDB. Não é impossível que, sentindo-se cada vez mais isolada e singular, venha a alcançá-lo, ainda que com remorsos. O messianismo se radicaliza enquanto cresce.

Por um momento Temer foi útil. Agora, fica mais útil preso.

Isso alavanca o valor da própria Lava Jato e transforma o bolsonarismo na única saída pretensamente moral.

*21/03*

# Paradoxos tropicais

1) Temer na cadeia alegra quem não gosta de conspiradores e de acusados de corrupção com fartura de indícios de crime.

2) Os fundamentos da prisão preventiva de Temer são fictícios. Bretas inventou um quinto motivo que não consta nos códigos.

3) A prisão de Temer é uma operação caça-troféu da Lava Jato para mandar recado ao STF.

4) A prisão de Temer favorece o bolsonarismo, que se apresenta como movimento contra a corrupção, mas não contra o laranjal nem explicitamente contra as milícias.

5) A prisão de Temer segue o consequencialismo lavajatista. Não importam os fundamentos legais, mas as consequências, especialmente se elas satisfazem a mídia e as redes sociais.

6) A prisão de Temer tem um objetivo principal: constranger o STF para que ele não altere a prisão em segunda instância em 10 de abril.

7) O lavajatismo lava menos rápido contra o bolsonarismo.

8) Moro guerreia com Maia por meio da prisão de Temer.

9) Dizer tudo isso não significa aliviar a situação de Temer, que deveria ter sofrido impeachment e deverá se demorar na cadeia depois de devidamente julgado.

10) A Lava Jato quer a Fundação de um direito próprio.

*22/03*

# Porto Alegre faz aniversário, municipários sofrem

As mudanças no projeto que a prefeitura de Porto Alegre tenta aprovar neste momento na Câmara de Vereadores já mostram o quanto os funcionários tiveram razão em resistir no ano passado. Situação admitiu que se a proposta tivesse passado na última vez teria havido perda salarial de até 40% e diminuição nominal dos ganhos de muita gente em função da alteração prevista do regime de trabalho. Na época, municipários eram rotulados de radicais e intransigentes por recusar a "doçura" do remédio amargo.

Até hoje de manhã se garantia que não haveria perda para aposentados. Emenda que garante que reajustes não serão feitos apenas sobre o básico é uma confissão de que haveria prejuízo também para os inativos. Há um ponto enigmático: governo prevê economia de 16 milhões no primeiro ano e gasta 34 milhões anuais com publicidade. Esses números foram reconhecidos por representantes da situação como verdadeiros, embora, claro, relativizados pelos defensores do governo.

Os municipários tinham um plano de carreira.

Esse plano, se o projeto for aprovado, falece.

Houve um tempo em que planos de carreira eram construídos. Hoje, são desmontados.

Diz-se que o tempo da segurança e da estabilidade acabou.

Bacana é correr riscos e ganhar a vida como motorista de Uber, sem a proteção de velhas leis trabalhistas.

Banqueiros ocupam-se de reformar a aposentadoria dos "bancários". Querem que todos façam economias como eles.

Feliz aniversário, Porto Alegre.

É nesta terça.

Acendamos as velas.

Talvez não sejam velinhas.

*25/03*

# Tempo perdido

Em 1913, há 106 anos, Marcel Proust pagou do próprio bolso a edição, pela Grasset, de "No caminho de Swann", primeiro volume da sua obra-prima, de aproximadamente 3.500 páginas, "Em busca do tempo perdido". Esse fato é um consolo para todos nós, medíocres, malditos, desprezados, anônimos. Quem sabe não somos apenas incompreendidos? Eu sou medíocre e inútil. Fico falando de literatura, de Marcel Proust e de livros. Que tempo perdido!

O francês conhecido da sociedade "midíocre" não é Proust, mas Prost, o piloto de Fórmula 1, o gênio moderno. Por que não falo de assaltos, de buracos nas ruas, da maioridade penal e de outros temas mais importantes? Porque não valho nada e não tenho compromissos sociais. Um piolho.

Foi o também grande escritor André Gide quem recusou o primeiro volume de Proust na prestigiosa Gallimard. Também é um consolo saber que os talentosos podem cometer imbecilidades. Gide, contudo, não estava errado ao dizer que se tratava de um livro esnobe. Uma obra afetada. Genialmente. Adoro me insultar publicamente. A gente se sente mais leve. Proust começa com uma frase simples que se tornou universalmente conhecida: "Longtemps, je me suis couché de bonne heure". Mário Quintana a traduziu por "durante muito tempo, costumava deitar-me cedo". Não funciona. Esse pronome depois do verbo certamente atrapalha o sono como um pé frio. Mais literal é "durante muito tempo, eu me deitei cedo". Uma tradução caipira do espírito da coisa seria: "Boa parte da vida, eu me deitei com as galinhas". Coloquial: "Por muito tempo, fui para a cama cedinho". Essa é a parte simples.

O personagem de Proust molhava a bolachinha, o biscoito, o bolinho. "Em busca do tempo perdido" é uma obra cheia de erotismo. Mas o sentido aí é mais literal mesmo. Ao molhar a guloseima no chá ele se transportava no tempo: "Cessava de me sentir medíocre, contingente, mortal". As lembranças apareciam-lhe. Pena que nunca encontrei essa bolachinha milagrosa. Proust é longo, mas nada tem a ver com James Joyce ou com outros monstros literários do século XX. É legível do início ao fim. Ninguém quer imitá-lo entre os nossos novos escritores na moda. É muito poético, leve, compreensível e evocativo.

Só acredito em escritor que molha a bolachinha e sente alguma coisa na espinha: um tremor, uma abertura de espírito, uma lembrança, uma saudade do colo da mãe, uma vontade repentina de escrever para ser entendido. Tempo perdido. Ninguém mais escreverá como Proust. Poucos lerão o que ele escreveu. "Em busca do tempo perdido" é uma catedral a ser contemplada sem tocar nos vitrais. As melhores obras não existem mais para ser lidas. No máximo, um resumo obtido no google.

O homossexualismo na obra de Proust é mais vigoroso do que em Guimarães Rosa. Ou alguém duvida que o amor de Riobaldo e Diadorim era homoerótico? Só não vê isso quem acredita em Papai Noel.

O escritor gostava de um jogo que passou a ser conhecido como "questionário Proust". Tipo: o que é a felicidade para você? O meu questionário para escritores tem uma só pergunta: Proust ou Joyce? Se o cara diz Joyce, fecho o livro. Vou molhar a bolachinha por aí.

*27/03*

# Armas e drogas

– A relação é direta, Marcão.

– Direta e proporcional, Palito.

– Não vejo assim.

– Não disse, Palito.

– Disse, Marcão. O Jorge é um idealista. Acha que se pode combater o tráfico com orquídeas, bons conselhos e lábia.

– Quanto mais drogas, Jorge, mais precisamos de armas para combater o tráfico, botar bandido na cadeia e tudo.

– Não, Palito. Quanto mais armas adquiridas facilmente, mais crimes, mais inocentes mortos e mais insegurança.

– Fala sério, Jorge. Como é que vai ter mais insegurança com as pessoas tendo como defender a própria segurança? Esperar pela polícia ineficiente ou corrupta é que não vai resolver nada. Os bandidos estão armados até os dentes. Executam velhinhas sem a menor cerimônia. E você quer o quê? Desarmar os cidadãos para que sejam vítimas mais fáceis. Isso é loucura. Cidadão tem de se defender. Os americanos é que estão certos. A arma é uma ferramenta. O problema são as pessoas. Um massacre numa escola é um efeito perverso, uma coisa que não se pode controlar, a ação de um louco. A arma não tem culpa.

– É isso, Palito, isso mesmo, a ferramenta é neutra como qualquer instrumento. O buraco é mais embaixo. Como tem sempre mais drogas no mercado e mais vagabundos vivendo disso, a sociedade precisa dispor de mais armas para reagir, ou fica refém da bandidagem. Vendem drogas na porta de escolas como se fosse picolé. É a droga que provoca a necessidade de armamento. Consegue sacar isso, Jorge? Consegue entender que bandido só compreende a linguagem da força maior, da repressão e da violência?

– Pode-se dizer o contrário também, Marcão. Quanto mais armas, mais drogas, mais tráfico. Pode pensar o oposto, Palito: quanto mais armas legais, mais utilização ilegal.

– Conversa mole, Jorge. A saída é cristalina: fortalecer a legislação contra as drogas, aumentar a repressão, endurecer as penas, responsabilizar os consumidores de drogas e facilitar o acesso das pessoas de bem às ferramentas de autodefesa, as armas. Quando todo cidadão estiver apto a se defender, não é mesmo, Palito, a bandidagem vai pensar duas vezes antes de fazer besteira. O resto é conversa para quem acredita em Papai Noel.

– Acontece, meus amigos, que essa política não funciona.

– Não funciona porque fica incompleta. Sempre tem uma mala dos direitos humanos para impedir que se possa agir da maneira correta. Bandido bom, Jorge, é bandido no pau. Falei. Chega de politicamente correto. Falei. Estou de saco cheio de floreios. Tenho meu berro. Se precisar, uso. Sei usar. Nesta selva, é a minha proteção diária.

– O seu problema, Jorge, é que você lê demais. Precisamos de um presidente que defenda as pessoas de bem.

Conversa natalina num happy hour de um bar fashion há alguns anos, em Porto Alegre.

*28/03*

# Timing

Primeiro deixaram Eduardo Cunha permanecer no poder, apesar de conhecidos os crimes que o condenariam, para que derrubasse Dilma.

Depois deixaram Michel Temer no poder, apesar de conhecidas as acusações que o tornariam réu, para que satisfizesse o mercado.

Pressa só tiveram de julgar e prender Lula.

Afinal, ele poderia ganhar as eleições.

A vida flui a conta-gotas.

*02/04*

# Entre amigos

– Hoje faz um ano que Lula foi preso.

– Passou rápido.

– Não pra ele.

– Um ano preso sem provas.

– Já pensou no seguinte: e se ele for culpado?

– Já. Até pode ser. Mas não ficou provado.

– O Moro acha que sim.

– Mas foi preciso mudar um pouco o conceito de prova.

– Dizem que já era possível condenar por indícios.

– Não como foi feito.

– Vai que um dia ele confessa.

– Espera deitado. Olha a sequência: inventam um pretexto pra derrubar Dilma. Impedem que Lula seja ministro. Mais tarde não farão o mesmo com Moreira Franco. Blindam tudo. Apressam o julgamento do Lula. Evitam que ele seja solto. Moro vaza para a Rede Globo, durante a campanha, delação requentada de Palocci contra Lula. Ganham a eleição com Jair Bolsonaro. Moro vira ministro. Aí entregam Temer, atolado até o gargalo, aos leões. Só Aécio foi poupado. Fecha-se o ciclo perfeito.

– Parece lógico. Mas não é paranoia?

– Como dizia Ricardo Piglia, os paranoicos também têm inimigos.

*07/04*

# Vão fechar os parques de Porto Alegre?

A Câmara de Vereadores de Porto Alegre seguirá a votação do projeto de privatização por tempo determinado dos parques e praças de Porto Alegre na quarta-feira.

Hoje, foi aprovada a emenda de Moisés Barbosa: "Será vedada a cobrança para ingresso nas praças ou parques urbanos concedidos, sendo permitido, porém, que o edital de licitação e o contrato prevejam a possibilidade de cobrança por serviços ou atividades específicas".

Tradução: pode cercar áreas e cobrar pelos serviços dentro dessas áreas.

Na quarta-feira, será votada emenda de autoria de Mendes Ribeiro: "Fica a concessionária autorizada, sob sua exclusiva responsabilidade, a proceder o cercamento, total ou parcial, da praça ou parque urbano objeto da concessão" (emenda 6). Mendes Ribeiro assina também uma subemenda para liquidar a fatura: o cercamento da praça ou parque concedido "não se sujeitará a prévia realização de plebiscito, conforme dispõe o art. 20-A, da LC 12/75".

Resultado: poderá cercar parcial ou totalmente, sem plebiscito, e cobrar pelos serviços dentro dessas áreas cercadas (parte já aprovada).

Quanto da área total de um parque poderá ser cercado?

Quantos empreendimentos cercados poderão ser construídos num mesmo parque com a respectiva cobrança?

Quantos restaurantes poderão existir dentro de um parque?

*08/04*

# Direita e esquerda

Uma das teses mais insustentáveis e falaciosas da direita é que a ideia de esquerda e direita estaria ultrapassada. No mundo inteiro, direita e esquerda continuam sendo polos da luta política e ideológica. Liberais são de direita por toda parte e eles mesmos se designam assim em muitos lugares.

Eles podem ser antiestatistas em economia e conservadores (intervencionistas) em comportamento ou anti-intervencionistas em economia e costumes.

O principal crivo entre direita e esquerda continua sendo a organização da sociedade por meio do Estado para produzir mais igualdade.

Liberais, como todos os de direita, continuam acreditando que a "mão invisível" do capitalismo é suficiente para gerar um mundo mais igualitário. É totalmente falso. Conclusão: só direitistas defendem que esquerda e direita são termos superados. Uns fazem isso por vergonha de ser de direita. Outros, por estratégia narrativa. O liberal que diz não existir mais esquerda e direita passa a vida designando e atacando a esquerda como o inimigo a abater. Ele vê a esquerda como esquerda, mas não quer ser rotulado como direita.

É puro sofisma.

*13/04*

# País dos paradoxos

A corrupção era só um pretexto para tirar a esquerda do poder. Depois disso, Queiroz, o faz-tudo do filho do presidente de direita, o Messias das causas próprias, pego com a boca na botija, nunca foi depor pessoalmente ao MP e ninguém bateu panela por causa disso.

De repente, os mesmos que pregavam a volta à ditadura tornaram-se defensores da liberdade de expressão e de imprensa porque duas publicações conservadoras foram atingidas pela censura do STF. Fariam o mesmo se sites de esquerda, um 247 da vida, fossem os alvos?

No país dos paradoxos, a coerência é um produto ideológico.

*18/04*

# Não foi golpe, mas...

Primeiro a gente arranja um pretexto para derrubar a Dilma. Depois, a gente arranja outro para processar o Lula. Aí a gente acelera o julgamento, dispensa certa ideia de prova, rejeita os recursos, apressa a prisão, impede a soltura, não deixa concorrer, ganha as eleições e, por fim, reduz a pena para que Lula vá para o regime semiaberto.

Mas não foi golpe. Foi só um jeitinho brasileiro.

*23/04*

# O invasor

De sua casa, nos Estados Unidos, o astrólogo de Richmond, bruxo da Virgínia, guru da Internacional de Extrema Direita ou Foro do Direitismo Obsessivo Compulsivo, pensador do olavo-morismo-guedismo-bolsonarismo, pode estar num surto megalomaníaco, preparando a invasão da Venezuela e a deposição de Maduro. Mandou o ministro das Relações Exteriores receber ordens da Casa Branca. Se conseguir, será uma façanha épica e trágica para um "intelectual" de pijama. Os generais tomam rivotril só de imaginar.

*30/04*

# Caldeirão comunista?

Era uma vez um analfabeto chamado José Lourenço. Ele migrou para Juazeiro do Norte no final do século XIX. Arrendou um pedaço de terra e junto com outros infelizes começou a produzir alimentos. Eram todos seguidores do padre Cícero. Um dia, padre Cícero ganhou um boi. O animal, entregue aos cuidados de José Lourenço, foi batizado de Mansinho. Era um bicho como qualquer outro, talvez mais sociável. Deixava-se tocar por qualquer um e até se aproximava como que pedindo carinho. Houve uma denúncia: o boi estaria sendo venerado como um ídolo. Mataram Mansinho. Prenderam Zé Lourenço.

Escorraçaram a comunidade de agricultores.

Depois da prisão, José Lourenço, ajudado por padre Cícero, foi viver numa fazenda, no Crato, um lugar chamado Caldeirão dos Jesuítas. Ali, como antes, plantaram, colheram, rezaram, tiveram filhos e viveram como foi possível. Padre Cícero morreu. José Lourenço, com seu pouco saber, virou líder. Mais de mil pessoas aceitavam as suas ordens. A política nacional parecia-lhe algo distante. O que podiam saber do tenentismo, da Coluna Prestes, da revolução de 30, da revolução Constitucionalista de 1932, da intentona comunista de 1935 e de tudo que acontecera desde que José Lourenço saíra dos sertões da Paraíba em busca de vida melhor? Nada. Salvo que em 1930 os revolucionários destruíram o Caldeirão pela primeira vez.

Em 11 de maio de 1937, há exatos 82 anos, no auge da era Vargas, forças militares invadiram a moradia dos "Zé Lourenços". Os habitantes do lugar nunca tinham visto algo semelhante, um ataque fulminante por terra e ar. O fogo cerrado atingiu os remanescentes de um ataque anterior, uma investida feita no mesmo ano no Caldeirão dos Jesuítas. As estimativas sobre o segundo e derradeiro assalto variam de 400 a mil mortos. Onde foram sepultados os corpos? As forças armadas, formadas pelo Exército e pela polícia militar do Ceará, ocultaram a vala comum onde jogaram os cadáveres. Zé Lourenço escapou. Morreu em 1946, aos 74 anos, marcado pela experiência de chefe da Irmandade do Caldeirão de Santa Cruz do Deserto.

Que crime cometeram aqueles homens, mulheres e crianças no ano do começo da ditadura de Getúlio? Otoniel Ajala Dourado descreve assim o episódio: “O crime iniciou-se com um bombardeio aéreo, e depois, no solo, os militares usando armas diversas, como metralhadoras, fuzis, revólveres, pistolas, facas e facões, assassinaram na Mata Cavalos, Serra do Cruzeiro, mulheres, crianças, adolescentes, idosos, doentes e todo o ser vivo que estivesse ao alcance de suas armas, agindo como juízes e algozes. Meses após, José Geraldo da Cruz, ex-prefeito de Juazeiro do Norte/CE, encontrou num local da Chapada do Araripe, 16 crânios de crianças”. O horror! Segundo Fátima Teles, um recenseamento contabilizou: “70% dos habitantes do Caldeirão eram naturais do Rio Grande do Norte, 20% de Pernambuco, Alagoas, Paraíba, Maranhão e Piauí, e apenas 5% de cearenses natos”.

Mas e o crime cometido pelos “Zé Lourenços”? Um crime considerado abominável: eram todos suspeitos de prática cotidiana de comunismo.

Quando começaremos a ser exterminados?

*09/05*

# Os dez paradoxos do periférico (reflexão dominical)

1) O periférico perde sempre. E ainda deve aplaudir e divulgar o central vencedor. Se reclamar, é chamado de ressentido.

2) Se o periférico falar em centro e periferia, é chamado pelos demais periféricos de recalcado, e, pelos centrais, de irrealista. Para o central, não há mais central nem periférico.

3) O periférico perde fora e perde em casa, pois os de casa, também periféricos, só se encantam profundamente com os centrais, que lhes parecem sempre mais centrais.

4) O periférico faz alguma coisa. O central primeiro ignora. Depois, refaz e leva os louros da centralidade.

5) Depois que o central refaz, os outros periféricos indicam ao periférico vencido o que o central refez como original. Se o periférico disser que fez antes, é considerado megalomaníaco, arrogante e patético.

6) O periférico só vence se fizer ganhar fora da periferia, o que o centro não permite, salvo exceções periféricas.

7) O central retoma um tema do periférico e, não raro, pede a colaboração do periférico, que deve exultar por ser lembrado.

8) O periférico tem temas centrais e meios periféricos.

9) O central tem mídia central e marketing central.

10) O periférico, até na periferia, é condecorado perifericamente. Ao menos, o periférico com "feiura de pajé", termo de Aníbal Damasceno para classificar periféricos totais.

A periferia é um modo de ser no mundo.

*12/05*

# Aposentadoria especial de deputado federal

Criemos um deputado federal. Ele se elege aos 56 anos de idade. Tem 31 anos de contribuição para o INSS como vigilante. Ganha salário mínimo. Adere à aposentadoria especial da Câmara. Paga 3.300 por mês para o Plano. A Câmara paga mais 3.300. Ao final de um mandato, aos 60 anos de idade, o deputado se aposenta proporcionalmente com 3.600 (4/35 avos). No INSS, teria o salário mínimo.

*13/05*

# Novo Jânio?

A história se repete como farsa trágica. Primeiro se desqualifica a política. Depois, promove-se uma saída autoritária. Jair Bolsonaro quer dar um golpe? A sua inspiração tem nome e sobrenome: Jânio Quadros. O capitão das redes sociais quer governar sem o Congresso Nacional? Jânio também quis. Renunciou para voltar nos braços do povo e fazer um governo de salvação nacional. A população da época teve a sabedoria de ignorá-lo. Foi para o exílio sem lamentos populares. Ao divulgar um texto anônimo sobre a ingovernabilidade do Brasil por causa da suposta influência de corporações no parlamento, Bolsonaro abriu de vez o seu jogo? Quer se livrar de um obstáculo chamado democracia e dos seus representes eleitos?

O governo de Bolsonaro até agora é caótico. Parte da confusão vem da sua falta de preparo para o cargo. Outra parte vem dos filhos, três desvairados sob a influência ideológica radicalizada de um astrólogo doido varrido. Como foi possível que pessoas razoáveis tenham acreditado que Bolsonaro era a solução para o país? Havia alternativas menos nocivas para antipetistas: de Geraldo Alckmin a Ciro Gomes, Marina Silva e João Amoedo. Acontece que os eleitores de Bolsonaro queriam mesmo a polarização, o confronto, o máximo de ideologização, o conservadorismo explícito. Bolsonaro elegeu-se em grande parte por seus defeitos, como representante do machismo, da homofobia, do racismo e do politicamente incorreto.

Ele deu legitimidade aos ressentidos de todos os tipos, a exemplo do tiozinho que exclamava no almoço de domingo: "Quero uma ONG que proteja os direitos dos heterossexuais" ou "não se pode chamar negão de negão sem vir alguém encher o saco com esse mimimi de racismo". Bolsonaro aparece de corpo inteiro na perseguição que promoveu ao fiscal do IBAMA que o multou acertadamente por pesca ilegal em área de preservação no Rio de Janeiro. Esse é Bolsonaro, o representante do multado que sonha em se vingar de quem o multa, o defensor do pensamento simplório, "bandido bom é bandido morto", população armada é população protegida, homem de bem não fuma maconha, nasceu com pintinho é homem, menina veste rosa, menino veste azul, índio não precisa de reservas, tem mais é de ser como todo mundo.

Bolsonaro entrou no modo pronto, falei: flerta com o golpe à Jânio Quadros. O passado está no seu encalço. Se não for o novo Jânio, corre o risco de ser atropelado pelos feitos do filho, o agora senador Flávio Bolsonaro, atrapalhado com investigações do Ministério Público do Rio de Janeiro. Flávio jura que é inocente. Nada será melhor para ele do que ter razão. Uma sombra os persegue. Ela atende, quando localizada, pelo nome de Queiroz. Poucas vezes uma família de políticos empregou tantos parentes para fazer tão pouco ou nada. Para salvar o seu mandato, Bolsonaro precisa aprovar a reforma da Previdência, ou será abandonado por seu fiador cínico, o mercado. É bom já ir se acostumando, se a reforma não passar, o presidente ficará exposto a um impeachment de ocasião. Talvez por isso sonhe em esvaziar o Congresso Nacional. Jânio não deixou a menor saudade.

*20/05*

# No tranco e desMOROnando

Lá vem o Brasil, descendo a ladeira. Ontem, entrevistamos o jornalista norte-americano Glenn Greenwald, dono do site The Intercept Brasil, no Esfera Pública, na Rádio Guaíba. Ele garantiu que o material ainda não publicado sobre a Lava Jato é mais explosivo do que tudo já divulgado. Desafiou Sérgio Moro a permanecer no cargo depois que tudo estiver na rua. No mesmo dia, o relator da reforma da Previdência na Comissão Especial da Câmara dos Deputados leu o seu relatório. A reforma dos sonhos do ministro Paulo Guedes tomou um tranco: perdeu a capitalização, a alteração do BPC e o estrago que faria no meio rural.

Como o dia estava movimentado, a pedido do filho Carlos Bolsonaro, por ordem do guru Olavo de Carvalho, o presidente da República demitiu do seu ministério o general Santos Cruz. O Brasil está na mão de um brasileiro exilado nos Estados Unidos, o astrólogo de extrema direita que faz a cabeça dos filhos de Jair Bolsonaro, que fazem a cabeça do pai. O olavismo cultua a ideologia e aparelha os ministérios da Educação e das Relações Exteriores. Já derrubou três ministros. Por outro lado, o Brasil está na mão do norte-americano Glenn Greenwald. Ele dita o tempo das revelações que podem abalar a República. Não parece ter qualquer pressa.

Hoje, as ruas voltaram a manifestar-se. Já virou hábito. Poucas vezes se viu tamanha insatisfação em tão pouco tempo. Como o país está viciado em adrenalina, Sérgio Moro deu o troco em entrevista ao jornal O Estado de São Paulo: "Se quiserem publicar tudo, publiquem. Não tem problema". Querem. Vão fazer isso. Greenwald é velho de guerra. Não se intimida. Para nós, garantiu que, nos Estados Unidos, Moro já seria ex-ministro. Quem vai vencer esse pôquer? Uma parte do Brasil pratica o consequencialismo ideológico: o que importa é o resultado. Se Moro e Dallagnol combinaram tudo, azar. Interessa é ter corrupto na cadeia. Os fins justificam os meios.

Outra parte da sociedade, por necessidade, defende um formalismo de ocasião. Uma terceira parte, na qual me incluo, entende que democracia só existe no respeito literal à regra do jogo.

Como nada surpreende no país e tudo acontece em ritmo de loucura, o Novo, partido do milionário João Amoedo, que fez fortuna no mercado financeiro, vai propor mudanças no texto da reforma da Previdência para tentar evitar o aumento da tributação dos bancos. Hermes Zanetti, constituinte em 1988, contou outro dia que Nelson Jobim introduziu, quando já não era possível fazer isso, alteração no texto que acabaria aprovado para impedir que governos pudessem "contingenciar" o pagamento dos juros da dívida pública.

O setor financeiro tem representantes fiéis e ágeis.

Nas manifestações pró-Bolsonaro, aparecem cartazes do tipo "Lula está preso, babaca". Quando as ruas são tomadas pelos que criticam o bolsonarismo a pergunta é: "Cadê o Queiroz?". Alguém sabe? Vai aparecer?

Onde andam também os sensatos que falavam em esgotamento da polarização? Lá bem o Brasil, o mesmo de sempre, tropeçando nas próprias pernas.

Até a revista Veja virou a toga e está no deboche com sua capa Desmoronando. As apostas estão abertas:

Moro fica ou desmorona de vez?

*14/06*

# Sem papo furado

Falando francamente:

1) Moro e Dallagnol atuaram em conluio.

2) Negar essa evidência não é papo furado, é ideologia.

3) Se o conluio fosse contra Flávio Bolsonaro, como observa Vera Magalhães, a mesma galera estaria soltando lagartos.

4) Não adianta culpar o sofá.

5) The Intercept sepultou a imparcialidade da Lava Jato e não mandou flores. Crime inafiançável.

6) O governo Bolsonaro já é o mais esculhambado da história.

7) A reforma da Previdência encolheu, mas continua cortando a goela dos mais pobres. É só ver a forma de calcular os benefícios pela totalidade das contribuições.

8) O ideologismo está ganhando. Quedas de Santos Cruz e Joaquim Lévy não mentem.

9) Está todo mundo com as nádegas nas mãos.

10) Glenn Greenwald é sádico. Mata devagarinho.

*16/06*

# Meras coincidências

Dez curiosas coincidências:

1) O único presidente da República preso por longo tempo é o que veio das camadas mais pobres da população.

2) Para que a condenação fosse possível abrandou-se o conceito de prova.

3) A prova maior passou a ser a falta de provas, a inexistência de escritura ou de qualquer documento de posse do bem recebido como suposta propina.

4) Regras do processo penal foram deixadas de lado.

5) Juiz e MP atuaram em parceria.

6) Mídia deu respaldo.

7) Juiz foi recompensado com cargo de ministro no governo do principal beneficiado pela prisão do oponente.

8) Nunca a justiça brasileira foi tão célere.

9) Primeira e segunda instâncias tinham laços de amizade.

10) Do impeachment de Dilma à condenação de Lula, tudo foi mais rápido e azeitado: Eduardo Cunha só foi afastado do STF por Teori Zavascki depois de derrubar Dilma; Gilmar Mendes, quando impediu Lula de ser ministro, era o mais erudito dos membros do STF; deputados anticorrupção mudaram repentinamente quando o acusado passou a ser Michel Temer; Aécio Neves foi condenado com o rebaixamento de senador a deputado; as panelas nunca mais bateram nem se importam com o sumiço do tal Queiroz, o faz-tudo de Flávio Bolsonaro; a lei, no caso de Sérgio Moro, só atrapalha, melhor que não seja cumprida.

O Brasil é o país das coincidências.

Pensar outra coisa é pura teoria da conspiração.

*22/06*

# Como explicar a um francês?

1) Cocaína em avião presidencial.
2) Desmatamento em alta.
3) Juiz agindo ao lado da acusação contra réu.
4) Ministro escondendo agenda oficial nos Estados Unidos.
5) Decreto para armar população em meio a surto de violência.
6) Ministro militar dizer que cocaína pega foi falta de sorte.
7) Jornalista sendo atacado por proteger fonte.
8) Imprensa protegendo o poder.
9) Presidente insultando países.
10) Situação na qual o Brasil se encontra.

*27/06*

# João e Dr. Gumercindo

João trabalha para o Dr. Gumercindo. João dormiu faltando cinco anos para a sua aposentadoria. Ganharia R$ 1.800. Acordou faltando dez anos para se aposentar. Ganhará R$ 1.200.

Dr. Gumercindo dormiu devendo milhões ao Funrural. Acordou anistiado.

João e Dr. Gumercindo encontraram-se.

Dr. Gumercindo explicou a reforma da Previdência ao peão:

– É para combater privilégios.

*11/07*

# Um dia de Bolsonaro

1) Sim, quero beneficiar meu filho.

2) É mentira que se passe fome no Brasil.

3) Miriam Leitão ia para guerrilha no Araguaia quando foi presa e mente sobre tortura.

4) Os 40% da multa do FGTS por demissão sem justa causa provocam desemprego. "É muito difícil ser patrão no Brasil".

5) Não se pode fazer filme como Bruna Surfistinha com dinheiro público.

6) Estou no mandato em nome de Deus.

7) O desmatamento da Amazônia não é todo esse que dizem. Fosse assim, a Amazônia já estaria extinta.

Precisa mais?

*19/07*

# Chinelagem ou espontaneidade

Jair Bolsonaro chamar um repórter de petralha e outro de idiota é estilo? Bolsonaro falar em "cagar" durante entrevista coletiva é chinelagem ou espontaneidade da nova política?

*12/08*

# A pegadinha da MP da Liberdade Econômica

Políticos adoram enfiar jabutis (contrabandos) em leis sobre qualquer coisa e/ou dissimular o jogo. A MP da Liberdade Econômica, aprovada na Câmara dos Deputados, tem um pega-ratão: o trabalho aos domingos será remunerado em dobro. Beleza, maravilha, justo, mas, sempre tem um mas, salvo se empregador der folga compensatória. Logo... Trabalha no domingo pelo valor normal, folga na segunda.

Já era.

O cartão-ponto poderá ser dispensado mediante acordo individual ou coletivo.

Ou seja, adeus controle de horas extras, etc.

Conclusão: o empresariado terá a liberdade econômica de fazer a escravatura trabalhar aos domingos pagando menos e de fazer a plebe trabalhar mais todo dia sem a chatice do controle, os custos extras e as reclamações na justiça.

Elementar, meu caro proletário.

*14/08*

# Bolsonaro aparelha as instituições

Jair Bolsonaro, a maior vergonha presidencial eleita que o Brasil produziu em 500 anos, está aparelhando a Polícia Federal do Rio de Janeiro para blindar o sumido Queiroz e bloquear investigações que possam atingir o filho Flávio. Noutra frente, aparelha o Itamaraty, nomeando, com nepotismo de quebra, o filho Eduardo para a Embaixada dos Estados Unidos. A família da primeira-dama não tem biografia, mas folha corrida, o que atrapalha o discurso do moralizador-geral da nação. No STF, Toffoli, para se tornar credor do presidente, congelou investigações com dados do Coaf, aparelhando a corte em benefício do bolsonarismo. O ministro da Educação admitiu que verbas da área foram usadas para pagar emendas que garantiram a aprovação da reforma da Previdência na Câmara dos Deputados. Alexandre Frota, ex-ator pornô, foi expulso do PSL depois de considerar obscenas as práticas de El capitán supremo. Por que as panelas não repicam?

*18/08*

# A cultura do foda-se

Fui ao cinema no shopping. Passei na Livraria Cultura. Não sobrou muito do que ela foi nos seus tempos áureos, quando impunha as regras e pagava aos editores o que bem entendia. Sinal dos tempos? Tudo entrou em decadência no Brasil. Na época do terraplanismo bolsonarista, as livrarias exibem paradoxalmente coleções de globos terrestres.

Deve ser o que sobrou do tempo em que a ciência dava as cartas e explicava as leis da natureza. Só pode ser estoque encalhado. Dei uma olhada nos livros, saudoso dos dias em que eles constituíam o essencial de uma loja desse tipo. Constatei o que vinham me dizendo e eu tomava como piada: a produção editorial brasileira fodeu-se. Exclamei: é foda!

O campeão de vendas, com livros nos lugares de destaque, é um americano obcecado pelo foda-se. Já publicou "A arte sutil de ligar o foda-se", que é tão sutil quanto Jair Bolsonaro falando em cagar menos, e "Fodeu geral, um livro sobre a esperança". Perdi as minhas. O cara é fodão. Bota foda nas capas dos seus livros e vende como viagra, com o perdão do trocadilho do caralho ou trocadalho do carilho. Bem, não é um trocadilho, mas é foda. Outros livros em evidência: "Seja foda, seja inteligente", "Como ser uma mãe foda", "Liberdade, felicidade & foda-se", "Como ser uma pessoa foda", etc.

E foda-se se não gostou. Para vender livros, precisa ser foda. Para ser foda, tem de ser fodão. Nada de linguagem parnasiana. Papo reto. Por essa lógica, o cara mais foda do país só pode ser Jair Bolsonaro. Fode todo mundo e se dá bem. Está fodendo a educação, fodendo as bolsas de pesquisa, fodendo a Capes e o CNPq, fodendo a Amazônia, fodendo a Previdência, fodendo a velhice de nós, os trouxas, fodendo até a Lava Jato, que não está gostando de trocar de posição, fodendo geral. E se acabou. Eu nunca falo foda, pois não sou foda e me contento em dizer, no máximo, me ferrei, jamais me fodi. Se estou falando agora em foda, não é para foder a paciência de ninguém ou para demonstrar que estou me fodendo para os bons modos. Só estou resenhando a literatura em alta no país.

Como sou simplório e sempre me fodo, ou seja, me ferro, tirei logo a minha conclusão: com Bolsonaro na presidência da República, ninguém escapa de se foder. É só uma questão de tempo. Em consequência, a literatura do foda-se é realista. Corresponde ao espírito da época. Correndo por fora, outro americano, que os americanos são foda, Glenn Greenwald, está fodendo a Lava Jato, Sérgio Moro, Deltan Dallagnol e seus amigos. Mas essa foda não estava no roteiro. Glenn é hiperfoda. Está comendo por fora. A extrema direita quer fodê-lo. Mais foda do que ele, noutra posição, só Paulo Guedes. Ninguém vai foder mais gente do que ele na vida. Por alto, uns 210 milhões de brasileiros. Proponho trocar o nome do Facebook.

No Brasil, Fodeicebook ficaria melhor. A autoajuda é foda. Fode tudo. Fala a linguagem do povo. Puro papo reto. Nunca tivemos uma lista de livros mais vendidos tão foda. As livrarias foderam-se. As editoras estão fodidas. Os autores são fodidos. Só resta gritar: que se foda! Único contra-argumento possível quando as capas dos livros nos deixam de quatro: não fode!

*03/09*

# Fuzilamentos farroupilhas

Todo ano é ano de lembrar nossas façanhas. "Ao contrário do que idealiza o general Morivalde, aconteceram saques e fuzilamentos. Araripe alertou para o fato de que, como em qualquer ditadura revolucionária, a justiça não tinha sacerdotes para aplicar a lei; e o governo por decretos arbitrários impunha pena de morte e a mandava executar" (1986, p. 7). Onofre Pires, um dos pilares da revolução, conforme o tenente Caldeira, o mesmo Caldeira que viria a denunciar uma traição aos negros em Porongos, sujou-se para sempre em 22 de abril de 1836, em Mostardas, quando mandou executar 11 prisioneiros depois de derrotar as forças de Juca Ourives. Um dos fuzilados foi o capitão Francisco Pinto Bandeira, sobrinho do lendário brigadeiro Rafael Pinto Bandeira. A família Pinto Bandeira sofrera, pouco antes, outro revés, com o assassinato do neto de Rafael, Diogo, morto junto com o pai, Vicente Ferrer da Silva, por uma patrulha comandada pelo célebre Cabo Rocha. Domingos José de Almeida censurou Onofre pelo ato. Vender negros para comprar armas era lícito. Fuzilar, não. Em tudo sempre há uma medida. Onofre Pires tinha inclinação para bode expiatório. Bento Gonçalves o acusava de ter dado uma opinião errada que acarretara a sua derrota em Fanfa. Onofre errou como muitos outros. Pagou mais caro.

Fernando Luiz Osório mostrou todo o horror do fuzilamento dos prisioneiros de Mostardas: "Quase ao mesmo tempo que se dava a tomada de Pelotas, 7/8 de abril de 1836, em 9 de abril o capitão legalista Francisco Pinto Bandeira surpreendeu à noite a guarnição de Torres. Sem disparar um tiro apoderou-se do armamento e munições e capturou os soldados, bem como os chefes que os comandavam. Seguiu e fez junção com Juca Ourives. Após, seguiram em marcha em defesa da vila de São José do Norte sitiada pelo Coronel Onofre Pires. Este, avisado, saiu-lhes ao encontro. Tomou boa posição e os derrotou completamente em 22 de abril. Depois da vitória Onofre Pires mandou fuzilar 12 prisioneiros inermes por vinganças particulares. Este fato mereceu censura do Partido Republicano. Pinto Bandeira, caindo aos pés de Onofre Pires, pediu que sua vida fosse poupada pois era casado e pai de 11 filhos. Onofre Pires retorquiu-lhe: 'Não seja covarde, morra ao menos como bom brasileiro'. E foi morto" (Osório, 1935, p. 51). Quanto heroísmo!

*18/09*

# Quem matou mais?

O aniversário da revolução chinesa reacendeu uma velha polêmica: quem matou mais, o comunismo ou o capitalismo? Não sou comunista. Sou anarquista. No dia a dia, social-democrata. Mas não tem discussão: o capitalismo matou muito mais. Continua matando. Os métodos são diferentes. O comunismo praticou o extermínio concentrado. O capitalismo pratica o genocídio difuso, espalhado, permanente.

O capitalismo matou nos navios negreiros, matou nas fábricas do século XIX, matou de fome, de subnutrição, matou nas suas guerras mundiais ou regionais, matou de doenças que poderiam ter sido tratadas, matou nas instituições totais de segregação como os hospitais psiquiátricos, etc.

Continua matando na violência urbana, na exclusão social, no comércio de drogas, na rejeição à entrada de imigrantes na Europa e nos Estados Unidos, no desemprego, na falta de hospitais que poderiam ser generosos e receptivos. O que escolher, o comunismo cubano ou o capitalismo do Haiti? A cada um conforme o seu modo de produção e de execução. Desigualdade é o nome da morte capitalista.

*07/10*

# O que eu sei sobre Lula

Não sei muito sobre Lula.

Estou longe de saber tudo.

Não sei se ele é inocente ou culpado.

O que eu sei sobre ele é simples:

– Foi o melhor presidente que o Brasil já teve a completar um mandato obtido democraticamente nas urnas;

– Foi o presidente que mais reduziu a miséria no Brasil;

– Foi o presidente que mais abriu as universidades para não brancos, pobres e excluídos de sempre;

– Foi o presidente que possibilitou os melhores anos na vida de parte considerável da população brasileira.

O que eu sei sobre a condenação de Lula?

– Sei que juiz e acusação colaboraram para atingir o fim almejado;

– Sei que o processo não foi imparcial;

– Sei que ele foi condenado sem provas claras, inclusive com a alteração do conceito de prova para poder enquadrá-lo;

– Sei que o juiz da sua condenação foi recompensado com um cargo de ministro no governo do candidato beneficiado pela prisão do oponente que poderia vencê-lo;

– Sei que juristas do mundo inteiro contestam a lisura do processo e do julgamento;

– Sei que as relações entre MP e juiz, conforme as revelações do Intercept, foram incestuosas, escandalosas, ilícitas, imorais, políticas, com vistas a um fim: tirar Lula do jogo eleitoral.

O que eu espero neste dia em que Lula completa 74 anos na prisão?

– Que ele tenha um novo julgamento justo;

– Que a verdade seja feita conforme as leis em vigor.

O que eu posso vislumbrar do futuro?

– Que a figura de Lula, como as de Getúlio e Jango, se agigantará sempre mais, encravada no imaginário popular, com suas qualidades e defeitos, com sua raiz genuína;

– Que nos becos, nos bares, nos estádios de futebol, por toda parte, se dirá: que estranho, só o presidente operário acabou na cadeia. Os doutores sempre escaparam. Preso por um apartamento onde nunca morou e do qual não tinha título de propriedade, acusado de recebê-lo como contrapartida por um contrato com uma empresa pública nunca designado especificamente, apontado, numerado, revelado, indicado, um contrato genérico.

O que eu constato:

– As elites jamais aceitaram a eleição de Lula.

Seria a sua condenação um aviso para que a "plebe", todos nós, ninguém, não se atreva mais a tomar o lugar dos donos do poder?

*27/10*

# País das ameaças

1) Eduardo Bolsonaro ameaça o Brasil com AI-5.

2) Jair Bolsonaro, no melhor estilo Hugo Chávez, ameaça Rede Globo com não renovação da concessão em 2022.

3) Realidade nos ameaça com suas placas de chumbo.

*01/11*

# Um novo golpe no Brasil

O STF fez o que devia fazer: declarou a Constituição constitucional. Só no Brasil é necessário algo assim.

A CF diz que só será considerado culpado aquele que tiver sentença penal condenatória transitada em julgado.

O artigo 283 do Código de Processo Penal repete a Constituição. Por isso, claro, foi declarado constitucional.

Se for mudado para dizer o oposto, ficará inconstitucional.

Todos os juristas que estão dizendo que para instaurar a prisão depois da condenação em segunda instância basta mudar o artigo 283 estão blefando, sofismando, inventando, trapaceando com a lógica, agindo ideologicamente.

O CPP não pode estabelecer o que a Constituição veda.

Todos os juristas que autorizam mudar o inciso LVII do artigo 5º da CF por meio de emenda constitucional estão apoiando um golpe contra as instituições. Trata-se de cláusula pétrea, do capítulo dos direitos e garantias fundamentais. Só pode mudar convocando uma constituinte.

Sejamos claros, a ideia é devolver Lula para a cadeia o mais rápido possível. Para isso, sem constrangimento, busca-se uma solução que debocha da inteligência alheia. Só tem um jeito legal hoje de prender condenados em segunda instância: prisão cautelar.

Se, evidentemente, os requisitos forem preenchidos.

Tem outro jeito para quem tem pressa: o STF julgar os recursos extraordinários levando ao trânsito em julgado das sentenças penais condenatórias. O STF não tem tempo?

Problema dele. Não dos réus. Nem da defesa.

Tem jurista patrocinando o absurdo: o maior veda; muda-se o menor. Por esse raciocínio, o CPP submete a Constituição. O direito brasileiro acostumou-se a impor qualquer tese na base do "sabe de quem é essa tese?". Carteiraços. O problema do inciso LVII é que foi redigido claramente.

Não se presta a interpretações.

O resto é manobrismo ideológico escancarado.

*12/11*

# História nacional da infâmia

Dificilmente algum ministro da economia fará proposta mais canalha que a do pinochetista Paulo Guedes: tributar o trabalhador no auxílio-desemprego e desonerar os patrões.

*17/11*

# Militares no poder

O Brasil está novamente sob o controle do imaginário civil-militar de 1964. A forma de tomar o poder foi mais complexa desta vez: um golpe simulado como impeachment e uma eleição impulsionada por fake news e disparos em massa no WhatsApp. Os golpes seguem as tecnologias de cada época e exploram as brechas jurídicas.

O empresário atual exerce o mesmo papel de 1964. O véio da Havan representa o liberalismo autoritário tropical.

A criação do partido do capitão Jair Bolsonaro, Aliança pelo Brasil, radicaliza a Arena (Aliança Renovadora Nacional), com uma plataforma mais conservadora e autoritária.

O número 38, se confirmado, cristalizará o imaginário em questão: população armada, polícia autorizada a matar sem ter de responder por excessos, censura e aparelhamento das instituições. O porteiro do condomínio de Bolsonaro depôs pessoalmente duas vezes. O MP pediu que o segredo de justiça fosse levantado, por demanda de Sérgio Moro, para que o presidente da República fosse beneficiado com a divulgação do novo depoimento do acuado porteiro.

Em contrapartida, Queiroz nunca prestou depoimento pessoalmente.

Vive tranquilo em São Paulo.

E assim recuamos meio século.

Numa aparência de legalidade.

Para onde vamos?

Chile, Equador, Bolívia e Colômbia explodiram.

A Venezuela vive o seu calvário.

A Argentina guinou à esquerda.

O Uruguai mantém-se no jogo democrático.

Quem imaginaria que o Brasil, pelo voto, recolocaria os militares no poder? O atual momento ajuda a entender como foi possível o golpe de 1964 com apoio dos mais ricos e de parte da classe média. Os argumentos golpistas eram a corrupção e a ameaça comunista.

A história só se repete como pesadelo.

*22/11*

# Jornada do herói

Quem leu Joseph Campbell, "O herói de mil faces", conhece os 12 passos que devem ser dados por alguém para realmente ser visto como herói: 1. O mundo comum. 2. O chamado à aventura. 3. Recusa do chamado. 4. Encontro com o mentor, 5. A travessia do primeiro limiar. 6. Provas, aliados e inimigos. 7. Aproximação da caverna secreta. 8. A provação. 9. A recompensa. 10. O caminho de volta. 11. A ressurreição. 12. O retorno com o elixir. Não há como planejar essa caminhada.

Imagino que alguns passos possam ser queimados. Pensemos num herói. Ele sai de um lugar comum, pessoa simples que é, empurrado pela necessidade. Tempos depois, a vida exige dele que lute. Na jornada de Campbell, num primeiro momento, ele deveria recusar. Mas talvez possamos entender que ele não recuse. Joga-se. Vai ao encontro de um mentor? E se não tiver um? Ele pode seguir em frente? É possível conceber vários mentores sem grandeza, comuns, cada qual ensinando alguma coisa? Sem recusa e sem um grande mentor, ele atravessa o primeiro limiar, passa o Rubicão, arrisca-se, compromete-se, dá o passo sem retorno que nunca mais lhe permitirá voltar a ser o mesmo.

Começam as provas, encontra aliados, enfrenta inimigos, com o tempo torna-se aliado de antigos inimigos, rompe com amigos, avança, recua, hesita, ousa. Aproxima-se de uma caverna secreta, lugar desejado por muitos. Consegue surpreendentemente penetrar na caverna, onde vive por algum tempo com tranquilidade. Então começam provações terríveis. Tudo que parecia sólido desmorona. O sofrimento impera. Para os inimigos, é o monstro a ser abatido. Para os que o admiram, o líder a ser protegido, o mentor a ser reverenciado. Longos são os dias de afastamento. Tudo parece perdido.

Então uma brecha se abre.

Ele retorna. O caminho de volta é cercado de armadilhas. Uma primeira recompensa já lhe é dada prontamente: o carinho dos que o esperavam. É muito. É pouco. Espera-se que ele ressurja das cinzas, que a sua ressurreição sirva de saída de emergência para muitos dos que nele acreditam. Qual será o elixir que ele trará consigo ou que

2019

lhe permitirá renascer de modo pleno quando chegar ao seu lugar de origem? O que se deve entender por lugar de origem? O local de nascimento físico ou o lugar de consagração da sua personalidade?

Todo personagem complexo é ambíguo. Uns o verão como mau. Outros dirão que ninguém foi tão bom. Todo herói tem seu inimigo principal. Na grande batalha final, a mãe de todas as batalhas, o herói enfrentará o seu contendor, que se autodenomina Mito, cujo auxiliar, Mão Direita, trocou a capa por um casaco de mortal. Contra o Mito, a luta poderá ser travada às claras num debate. A penúltima provação consistirá em vencer as artimanhas de Mão Direita, que o condenaram ao ostracismo e o impedem de renascer totalmente. Quem ganhará essa guerra? Quem é o herói? Quem é, de fato, mito? Imaginemos o ódio dos condenadores de bem: quanto mais condenam, mais o condenado cresce e ganha aura de herói. Outros, com acusações mais pesadas e provas explícitas, andam livres e soltos por aí.

Qualquer semelhança com qualquer realidade é mera coincidência, puro exercício de ficção.

*28/11*

# Superequipe

João Goulart teve como ministros gente do calibre de Celso Furtado e Darcy Ribeiro. O tresoitão Jair Bolsonaro montou uma superequipe.

Nunca na história deste país se organizou um time tão afinado.

Escolhido a dedo. Ou com o dedo no gatilho.

O ministro do Meio Ambiente defende o agronegócio. Não acredita em aquecimento global nem em efeitos nocivos de agrotóxicos.

O ministro do Turismo é especialista em laranjal.

O ministro da Economia fala em AI-5 e tem o Chile de Pinochet como modelo. O fato de que o Chile implodiu não o abala. "Tolice", pontifica.

O ministro das Relações Exteriores denuncia um tal globalismo, vê comunistas por toda a parte e defende a sacrossanta cultura ocidental.

O novo presidente da Fundação Palmares, que é negro, defende o fim do movimento negro e garante que não há racismo no Brasil.

O novo presidente da Biblioteca Nacional parece não acreditar no que dizem os livros e associa Caetano Veloso ao analfabetismo.

O novo presidente da Funarte sustenta que os Beatles, influenciados pelo filósofo Theodor Adorno, surgiram para solapar o capitalismo e fomentar o comunismo. Para ele, rock leva ao aborto e ao satanismo. Russos infiltrados nas gravadoras americanas enfiam mensagens subliminares em músicas destinadas a adolescentes. Elvis Presley seria agente soviético.

A ministra da Família, aquela que viu Cristo numa goiabeira, continua acreditando que menino veste azul e menina veste rosa.

O ministro da Justiça dispensa o cumprimento da Constituição se for para prender mais rapidamente os seus adversários ideológicos.

O secretário da Cultura acha que Fernanda Montenegro é sórdida e mentirosa.

O ministro da Educação chama a mãe de quem o critica de "égua sarnenta e desdentada".

Quase todos são alunos do guru Olavo de Carvalho, que ainda não encontrou provas científicas da esfericidade da Terra.

Para chegar ao poder, Bolsonaro alugou um partido.

Para continuar no poder, decidiu criar um para chamar de seu.

Bolsonaro acha que tem linha direta com Donald Trump, que, quando precisa, dá rasteiras no capitão sem o menor constrangimento. Jair beija a lona, mas não se dá por vencido. Se duvidar, pede autógrafo ao ídolo.

O forte mesmo do governo é a sua superequipe.

*03/12*

# 2020

# Franceses

Vivi alguns anos na França. Desde o começo, em 1991, fiquei espantado com a capacidade de mobilização dos franceses. Todo ano, no outono, na volta das férias, começa a temporada das greves e manifestações. A França apostou na ideia de Estado do Bem-Estar Social e só não levou isso tão longe, talvez, quanto certos países escandinavos. Se tem algo que franceses não aceitam perder facilmente são as suas "conquistas sociais".

Para eles, um país é um condomínio no qual o Estado deve atuar redistribuindo riqueza para gerar equilíbrio e conforto.

O atual chefe da nação, Emmanuel Macron, é chamado por boa parte da França de "presidente dos ricos". Ele resolveu bancar mais uma reforma da previdência social. Queria unificar os mais de quarenta regimes de aposentadoria existentes e passar a idade mínima de engavetar a carteira de trabalho de 62 para 64 anos. Franceses vivem em média 82 anos. Nós, brasileiros, vivemos 75 anos e aceitamos 65 anos, sem muita resistência, como idade para a retirada. Muita gente não chegará lá. Deu ruim. A população foi às ruas. Os ferroviários estão em greve há 33 dias. Sem trens, sem metrô, é o caos. A causa é considerada boa. Não se quer trabalhar até ficar doente. Na França, funcionários públicos aposentados não podem fazer novo concurso. O sistema de saúde é bastante abrangente. Grande parte do que se precisa quando se adoece é custeado publicamente. Transporte coletivo é subsidiado. A educação superior também é pública.

A França é a sétima economia do mundo. Neoliberais brasileiros acham que os franceses são mimados. Eles se acham politizados. A pressão está funcionando. Macron cede um pouco todos os dias. O governo diz que busca um regime universal e justo. Mas os professores perderiam 30% dos seus ganhos. Pilotos de avião e policiais já garantiram suas especificidades. Em entrevista ao jornal Libération, o economista Daniel Cohen, favorável a algum tipo de reforma, mas crítico das incoerências do modelo proposto por Macron, sustentou que existem três tipos de Estados providenciais: o sistema corporativo alemão, o sistema universal escandinavo e o sistema liberal americano, que só se encarrega dos mais pobres e vulneráveis. Ou seja, dos mais ricos.

De que se defendem os franceses? Da aposentadoria por capitalização embutida na proposta de Macron. Seja como for, o que chama a atenção é a garra dos franceses. Nem as festas de fim de ano congelaram os atos de repúdio à reforma. E não é um montinho de gente. São sempre milhares de pessoas. Mais de um milhão marcharam pelas ruas da França no começo de dezembro num dia de resistência. É longa a tradição francesa de enfrentamentos com o poder. A base filosófica atual é simples: trabalha-se para viver, não se deve viver para trabalhar. Enquanto isso, o jovem Macron, eleito como antipolítico, leva uma vida luxuosa no palácio presidencial. Até mesmo o jornal conservador Le Figaro mostrou em reportagem o estilo de vida fashion do novo queridinho do mercado. Fora da sua bolha, o que ele mais ouve é "retira", o grito contra a sua reforma.

*06/01*

# Queimou ou não?

Tenho gostos estranhos. Entro em portais oficiais para olhar tabelas. Fui muitas vezes ao site do Instituto Nacional de Pesquisas Espaciais (INPE) para conferir: afinal, a Amazônia esteve em chamas em 2019? Nas redes sociais circulou a afirmação de que as queimadas haviam atingido o menor número desde 1998. Lupa, agência de verificação, refutou. O mês de agosto brasileiro chamou a atenção do mundo. A Amazônia apareceu queimando. Seria lorota da oposição? Conspiração da esquerda? Culpa das ONGs? Nada mais do que o normal?

Tenho diante de mim uma bela tabela do INPE. Filtro queimadas por região. Escolho a Amazônia Legal. Fico sabendo que em 2019 foram 126.091 focos de incêndio por lá contra 90.408 em 2018. Deixo ao leitor o delicioso cálculo do percentual de aumento. Sou adepto da interatividade. No fatídico agosto de 2019 a Amazônia foi devorada por 39.177 fogaréus, o maior número desde 2010 quando 67.077 incêndios consumiram a floresta. Sempre é impossível encontrar pior, o que consola alguns. O pico foi em 2005 com 73.683 queimadas. Por que aquilo que estava em baixa aumentou subitamente em 2019? O país teve 161.236 focos de incêndios de janeiro a outubro de 2019, 45% a mais em relação ao mesmo período de 2018. Que fogaréu foi esse? A Amazônia queimou 30% mais do que em 2018. Puro acaso? Ou consequência do discurso leniente em relação a desmatamento e uso da floresta?

Entidades manifestaram-se, especialistas alarmaram-se, ambientalistas mobilizaram-se. A má fama internacional de Jair Bolsonaro pode ter ajudado a acender o alerta e a disparar a reação? O Instituto de Pesquisa Ambiental da Amazônia (IPAM) lançou uma nota técnica em agosto: "A ocorrência de incêndios em maior número, neste ano de estiagem mais suave, indica que o desmatamento possa ser um fator de impulsionamento às chamas, hipótese testada aqui com resultado positivo: a relação entre os focos de incêndios e o desmatamento registrado do início do ano até o mês de julho mostra-se especialmente forte". Estariam todos loucos por ideologia?

Para a Rede Globo, "o chefe do Laboratório de Ciências Biosféricas da NASA, Douglas Morton, explicou que as queimadas na Amazônia ocorrem principalmente em decorrência do desmatamento da floresta". Examinando imagens de satélites, declarou: "Temos grandes queimadas, queimadas com energia suficiente para gerar coluna de fumaça, que passa pelas distâncias como o estado do Acre e o sul do país". Um personagem meu de ficção chegou a ver as queimadas de Marte. O ministro do Meio Ambiente contestou os dados do INPE, mas comemorou quando o mesmo instituto teria informado o menor número de focos de incêndio para setembro desde 2013. O jornal Folha de S. Paulo constatou que havia um problema: "O recorte de setembro feito por Salles, porém, desconsidera o acumulado nos nove primeiros meses do ano. Considerando o histórico dos últimos dez anos, 2019 é o terceiro pior ano no período de janeiro a setembro, segundo os dados do INPE".

Vale destacar que é possível consultar os dados por Estado, região e bioma, o que pode levar a confusões comparativas. Uma coisa é indiscutível: em agosto de 2019 a Amazônia esteve assustadoramente em chamas. Triste. Restaria saber quem deve ser responsabilizado: governo, natureza, bandidos, madeireiros irresponsáveis, grileiros, oportunistas? Apostas, por favor.

*09/01*

# Um governo esclarecido

O governo de Jair Bolsonaro não pode ser mais esclarecido do que é. Vejamos alguns nomes do presidente:

Sérgio Moro: defende prisão por tempo indeterminado sem julgamento e condenação sem provas para combater a impunidade e tirar adversários ideológicos do caminho.

Damares Alves: defende a abstinência sexual para jovens como forma mais eficaz de combater a gravidez na adolescência e ir preparando o caminho para a maturidade, enquanto meninos vestem azul e meninas vestem rosa.

Regina Duarte: defende cultura chapa-branca.

Benedito Aguiar (novo presidente da Capes): defende que o criacionismo deve ser ensinado nas escolas como ciência.

Paulo Guedes: ameaça com a volta do AI-5 se as suas ideias econômicas e políticas "chilenas" não forem adotadas.

Fabio Wajngarten (comunicação): defende que suas empresas privadas possam receber dinheiro público liberado por sua pasta de contratos com empresas que negociam com o governo.

General Heleno e demais generais do governo: defendem que tudo seja resolvido pela farda. Se tem fila no INSS, chama o exército. Se precisa de quarentena para brasileiros resgatados na China por causa do coronavírus, interna numa base militar. Se tem problemas nos ensinos fundamental e médio, que se criem escolas cívico-militares, que o cabelo dos meninos seja cortado mostrando a orelha e que a saia das meninas vá até o joelho. Se alguém fala em volta do AI-5, que se estude a melhor maneira de aplicá-lo.

Ricardo Salles: defende que o Meio Ambiente seja cuidado pelo agronegócio.

Ernesto Araújo: defende que o Brasil seja uma república teocrática antiglobalista e norte-americana.

Roberto Alvim: foi expulso do governo por ter se fantasiado de nazista em público.

Abraham Weintraub: defende que a educação seja o caminho direto para a ignorância.

Marcos Pontes: vive com a cabeça na lua.

*04/02*

# Fatalidades

O capitão de milícias Adriano da Nóbrega era jovem e atlético. Morreu executado pela polícia da Bahia, comandada por um governador do PT. Ainda não se entendeu a pressa dos policiais em invadir a casa onde o protegido de Fabrício Queiroz, funcionário de Flávio Bolsonaro durante bom tempo, protegera-se quando localizado. Havia tempo. Não existia refém. Dizem que o capitão Adriano era um arquivo vivo. Está morto. O que terá levado para o túmulo? Não seria desinteressante receber duas malas de documentos para escrever a biografia de Adriano. Não se discutiria o título: "Memórias de um capitão de milícias".

Gustavo Bebbiano também era jovem e atlético. Morreu de infarto fulminante aos 56 anos de idade. Não bebia, não fumava, praticava esportes. A vida é dura. A morte é mais dura ainda. Dizem que Bebbiano sabia demais e que era um arquivo vivo. Está morto. Bebbiano foi do nada ao tudo e do tudo ao nada em tempo recorde. Passou de desconhecido a ministro com gabinete no Planalto em poucos meses. Homem forte de Jair Bolsonaro, garantiu-lhe um partido de aluguel para chamar de seu durante a campanha eleitoral e deu-lhe sustentação jurídica. O deputado major Olímpio, outro ex-amigo de Bolsonaro, afirmou à imprensa que Bebbiano poderia ter causado uma "hecatombe" no país se tivesse revelado tudo o que sabia quando foi defenestrado por Jair Bolsonaro.

Passados alguns dias da morte de Gustavo Bebbiano, eu e metade do Brasil nos perguntamos: o que o ex-ministro podia saber de tão devastador? Será que ele deixou, como falam, duas cartas com suas revelações? Essas cartas virão a público? Pode ser que todas essas especulações não passem de fake news. Queiroz, que também dizem saber muito, manda lembranças. A sua única preocupação, como qualquer um de nós, é com o coronavírus. É um arquivo vivo. Não pretende morrer tão cedo. Passou por tratamento e está bem. É um túmulo. Não fala nem espirra. Amigos garantem que permanece quieto por falta do que falar.

Chegaram a pedir que o corpo de Bebbiano passasse por autópsia. O vice-presidente da República, general Mourão, rotulou essa demanda de "ridícula". O capitão Adriano e o ex-ministro Bebbiano foram vítimas, segundo a narrativa mais simples, de fatalidades. Bebbiano tombou fulminado por uma doença impiedosa. Adriano, por seu turno, caiu sob as balas de uma polícia apressada. Entre eles quase nada haveria em comum. Adriano era amigo de Flávio Bolsonaro, por quem foi homenageado quando estava na prisão. Bebbiano tornou-se inimigo de Carlos Bolsonaro. Eis uma história de coincidências, fatalidades e maledicências?

Até agora a única revelação de Gustavo Bebbiano foi feita por ele mesmo numa última entrevista: "Eu disse que Carlos [Bolsonaro] não sabia amar, era nutrido por ódio o tempo inteiro. Ninguém o ensinou a amar. Ele não aprendeu". Quem se importa com as carências do Carlinhos? O que interessa mesmo são as cartas do Bebbiano. Existem? Onde estão? O que dizem? Aparecerão nos capítulos mais quentes desta novela? No Brasil, muitos casos aguardam esclarecimento: quem mandou matar Marielle? Quem mandou matar Celso Daniel? Houve rachadinha no gabinete de Flávio Bolsonaro?

*20/03*

# O cara mais idiota do país

Que Jair Bolsonaro é burro, grosso, chinelão, machista (ataques a Maria do Rosário), racista (peso de negros em arrobas), fanfarrão e irresponsável todo mundo sabe. Ele já deu várias provas disso tudo. Ou, como ele mesmo diria na sua linguagem peculiar, disso daí. Agora se sabe também que ele é lento, perigoso e mentiroso. Não convinha apresentar publicamente esse diagnóstico todos os dias para não desencadear a fúria vingativa dos seus seguidores fanáticos e violentos. A pandemia do coronavírus tem revelado o pior de um homem que não costuma ter o melhor. Bolsonaro já foi chamado de Bolsolero e Bolsonero. Virou Bolsonoro. Todas as noites panelas dobram por ele.

Primeiro Bolsonaro negou o perigo representado pelo coronavírus. Depois, negou novamente. Continua minimizando ainda que seja obrigado a adotar medidas de precaução. Acusa governadores de exterminarem empregos, mas assinou Medida Provisória que permitia a empresas interromper contratos por quatro meses sem pagar salários. Ia jogar milhões ao vírus e à fome. Era a MP do mal. Precisou recuar. Vive dando para trás para se salvar da perda do mandato ali na frente, que começa a se tornar palpável. O capitão balança. Bolsonaro só é presidente pela associação entre o ressentimento ideológico tosco de muitos e o cinismo do chamado mercado sempre disposto a abraçar aberrações para tentar faturar mais no menor tempo possível.

O guru de Bolsonaro é um astrólogo fake que flerta com a ideia de que a Terra é plana. Olavo de Carvalho, também conhecido como Imbecil Individual, postou no Twitter que o coronavírus é uma armação internacional. O mundo inteiro deve estar conspirando contra Bolsonoro. O capitão convocou pessoas para uma manifestação contra o Congresso Nacional em 15 de março. Atacou a jornalista Vera Magalhães por ter denunciado o seu chamamento. Tentou confundir a população dizendo que o vídeo divulgado era de outra época. Jurou em coletiva jamais ter feito convocação para o ato. Desafiou alguém a mostrar-lhe um vídeo sobre "isso daí". O vídeo estava à disposição de todos. Em Roraima, Bolsonaro falou da manifestação e pediu: "Então, participem". O nariz cresceu.

No seu último pronunciamento em rede nacional, terça--feira, às 20h30, tendo ao fundo a Orquestra Nacional das Panelas, Bolsonaro atacou as medidas de isolamento social, menosprezou o perigo mais uma vez, contrariando entendimento científico internacional e medidas governamentais planetárias, e vangloriou-se dizendo que se contraísse o vírus nada sentiria, no máximo "uma gripezinha, um resfriadinho", por seu "histórico de atleta". Foi chocante. Um desserviço, uma patuscada. Se lesse, Bolsonaro saberia que o italiano Cristiano Binda, por exemplo, ex-lutador de artes marciais (MMA), é um dos que testou positivo para a doença. Aos 42 anos, ele está internado e descreveu o cenário vivido como pior do que o "Círculo do Inferno". O presidente pisoteou o trabalho que vem sendo feito por seu ministro da Saúde. Faria melhor em mostrar os resultados dos seus exames para coronavírus, pois o Hospital das Forças Armadas, que testou a sua turma palaciana, omitiu para o governo do Distrito Federal dois diagnósticos.

Na hora em que se precisa de um líder ponderado, firme, calmo, inteligente e sereno, Jair Bolsonaro exibe-se como um falastrão em mesa de bar: faz bravata, mente, distorce dados, provoca, pede briga, ignora especialistas, orgulha-se de sua imensa ignorância, chuta o balde. Como foi possível que uma figura patética assim tenha sido eleita presidente do Brasil? Ninguém merece uma pandemia mortífera e Bolsonaro ao mesmo tempo. É carga demais para suportar. Que tal se livrar de uma dessas maldições o mais rápido possível? Bolsonaro já cometeu uns 50 crimes de responsabilidade. Se o Congresso Nacional quiser, manda-o de volta rapidamente para o seu condomínio na Barra da Tijuca, onde era vizinho de um dos assassinos de Marielle Franco.

O capitão dispensado da tropa por concepção de plano terrorista (planejava explodir bombas por melhores salários) é uma máquina viral de produção e disseminação de fake news. Brilha pela falta de inteligência.

Fez uma aposta contra o vírus. Se o estrago for menor do que o previsto, vai cantar vitória. Só que um balanço menos desastroso depende, em princípio e segundo todas as evidências, das medidas que ele quer anular ou minimizar.

Não satisfeito com a performance da terça-feira à noite, o presidente ameaçou na quarta-feira deixar fluir o seu desejo sempre pronto a vazar de ditadura: "O que precisa ser feito: botar esse povo para trabalhar, preservar os idosos, preservar aqueles que têm problemas de saúde, mais nada além disso. Caso contrário, o que aconteceu no Chile vai ser fichinha perto do que pode acontecer no Brasil. Todos nós pagaremos um preço que levará anos para ser pago, se é que o Brasil não possa ainda sair da normalidade democrática que vocês tanto defendem. Ninguém sabe o que pode acontecer no Brasil. Da minha parte, eu me exponho porque o que eu quero levar para a população é uma mensagem de paz, tranquilidade, serenidade".

Bolsonaro, não. Bolsolero, Bolsonero, Bolsonoro.

*25/03*

# E se fosse o Lula?

Faz muitos dias que especulo: e se fosse o Lula? O que diriam os seus adversários políticos? Se fosse o Lula, como presidente da República, a participar de um ato cheio de cartazes pedindo o fechamento do Congresso Nacional e do Supremo Tribunal Federal? Quais seriam os comentários da oposição? E da mídia conservadora? E se fosse o Lula subindo na carroceria de uma camionete e discursando para um grupo de pessoas que pediam ditadura, censura e regime de força? E se houvesse fotos e vídeos de Lula a poucos metros de cartazes contra a democracia? Como estaria o Brasil hoje, dizendo que palavras?

E se fosse o Lula afirmando estar lá, numa manifestação contra as instituições democráticas, por acreditar nos manifestantes, por ter sintonia com eles? E se fosse o Lula, contrariando as orientações da Organização Mundial da Saúde e do seu Ministério da Saúde, a fomentar aglomerações, sem máscara, tocando em pessoas, no meio da pior pandemia das nossas vidas, o que seria dito, de que seria chamado, que rótulos receberia? Analfabeto, ignorante, grosso, inculto, irresponsável? Pediriam ou não o seu impeachment na hora? O que faria Carla Zambelli? Como se comportariam o Vem pra Rua e outros grupos desse quilate?

Especulações, cenários, contradições, paradoxos, cenas imaginárias de um país real. E se fosse o Lula a dizer diante de inconformados com a democracia que "não queremos negociar nada" e que "agora é o povo no poder". Seria comparado com quem? Hugo Chávez, Nicolas Maduro, Fidel Castro, o ditador da Coreia do Norte? Com todos ao mesmo tempo? Comparações desse tipo nada mudam. Permitem, contudo, testar o grau de coerência dos atores sociais. Como podem aqueles que falam em liberdade defender a ditadura? De minha parte, abomino igualmente as ditaduras cubana, venezuelana, chilena, brasileira, argentina, uruguaia, todas essas que infestaram a América Latina dos anos 1960 e 1970 ou ainda assombram nosso triste universo. E se fosse o Lula a tecer elogios a um torturador sempre que surge oportunidade?

Sou capaz de ouvir um interlocutor imaginário gritar: "Defendendo o Lula, comunista safado". Nunca fui comunista. Sou a favor de uma boa social-democracia, do que Joseph Stiglitz, prêmio Nobel da economia, chama de capitalismo progressista. Meu espírito, contudo, vaga, divaga, especula: e se fosse o Lula a desafiar os poderes, a insultar a mídia todos os dias, a desdenhar da política, a legitimar com a sua presença manifestações abertamente golpistas obrigando até o seu Ministério da Defesa a emitir nota de apoio aos instrumentos democráticos? E se fosse o Lula a legitimar atos antidemocráticos num domingo e a falar bem da democracia na segunda? De que seria chamado? Que credibilidade teria?

Como é difícil ser entendido! Toda a minha vida tenho defendido a democracia. Mesmo assim, volta e meia alguém suspeita de mim. E se fosse o Lula a tentar aparelhar instituições para controlar inquéritos envolvendo os seus filhos, nomeando para dirigir a Polícia Federal um amigo do filho enrolado nas fake news (escolha barrada pelo STF), o que diríamos mesmo? E se fosse o Lula a dizer, diante de mais de cinco mil mortes de brasileiros por um vírus maldito, "e daí? Não faço milagres"? E se fosse o Lula a gritar "cala a boca" para jornalistas? E se fosse também o Lula a nomear quem, para aceitar ser ministro de Estado, exigisse uma pensão para a família em caso de faltar? E se fosse o Lula a dizer que a sua paciência com os outros poderes acabou e que tem o povo e as Forças Armadas ao seu lado? E se fosse o Lula a namorar com o autogolpe todos os dias e a rasgar a Constituição?

*06/05*

# Derrubai o infame, derrubai o idiota

O vídeo da reunião ministerial de 22 de abril provou o que já se sabia: um bando de desvairados comanda o país. Talvez nunca um governo tenha reunido tantos mentecaptos numa mesma equipe. Difícil saber quem é o mais destrambelhado. Entre palavrões, bravatas, ameaças e projetos devastadores para o país, como o defendido por Ricardo Salles, ministro do Meio Ambiente, de "passar a boiada" enquanto a mídia fala do coronavírus, viu-se um filme de horror no qual Paulo Guedes desempenha o papel de vampiro. O governo protagonizou um espetáculo pornô.

Jair Bolsonaro sempre foi uma piada de mau gosto. Despreparado, tosco, pronto a abraçar as piores causas, amigo dos preconceitos, admirador de torturador e de ditadores, ele brilhou pelo obscurantismo ao longo de sete mandatos de mediocridade incontestável. Elegeu-se presidente da República por ser o homem errado na hora errada, que é uma forma perversa de oportunidade e de dar certo por um momento, o que lhe possibilitou concentrar o ressentimento mais baixo, a cegueira ideológica, o antipetismo disfarçado de combate à corrupção, o messianismo sob medida da Lava Jato, o lado mais vil do mercado e a desforra dos indignados com políticas de inclusão social, tudo isso embalado numa velha e ridícula fórmula, a luta contra o comunismo.

Passados menos de dois anos, Jair Bolsonaro já faz certamente o pior governo da história do Brasil. Entrega a Amazônia aos seus devastadores, ignora os perigos do coronavírus, deseduca a população promovendo aglomerações e deslegitimando o necessário isolamento social para frear a expansão da pandemia no país, mostra a sua imensa ignorância demitindo médicos que, em nome da ciência, discordam das suas panaceias, como o uso da cloroquina, participa de eventos que pregam a ruptura institucional, o fechamento do STF e do Congresso Nacional, tem a família atolada em escândalos como o da "rachadinha" de Flávio na Assembleia Legislativa do Rio de Janeiro, tenta aparelhar instituições, como denunciou o agora ex-ministro Sérgio Moro, coloca interesses pessoais acima dos interesses nacionais, como quando quis nomear o filho fritador de hambúrguer embaixador nos Estados Unidos e não se constrangeu em dizer que daria filé mignon aos seus pimpolhos.

Simplório, Bolsonaro argumenta no estágio pré-lógico. Se lhe dizem que não pode indicar um amigo para um cargo, tendo essa credencial como decisiva, para não ferir o princípio da impessoalidade, pergunta com ar falsamente cândido algo deste gênero: "Tenho então de indicar um inimigo?" O capitão não tem competência administrativa, não tem cultura política, não possui espírito de liderança, não sabe negociar, agregar ou conduzir pessoas. A sua única qualidade é a capacidade para polarizar e conectar os ressentidos e os oportunistas. Não lhe interessa construir nem pacificar. A sua força vem da destruição. Na sua lógica tribal, governa para os seus, para a sua família, para os que com ele se propõem a esquartejar a nação. Só uma crise profunda de descrédito na política pode tornar um Bolsonaro presidente de um país. Havia nomes menos piores. Quis-se o extremo.

Como se fosse para ilustrar uma tese, Bolsonaro exemplifica as distorções da democracia. Eleito pelo voto popular, sonha com um autogolpe e povoa o seu ministério com militares ativos e inativos. Comete um crime de responsabilidade por semana. Está blindado pelos interesses do mercado. Para não cair, começou a distribuir cargos para o Centrão, reeditando a velha política que dizia combater. Morrer abraçado com Bolsonaro é uma loucura que pesquisadores levarão décadas para explicar. Só resta implorar, ecoando um grande pensador, polemista e intelectual de todos conhecido: derrubai o infame, derrubai o idiota.

*24/05*

# Impichai o infame, impichai o idiota

O direito à insurreição contra o tirano faz parte das garantias fundamentais de quem tem a liberdade por princípio. Tirano, na modernidade, é quem defende tortura e torturadores, busca aparelhar as instituições para fins pessoais ou tribais, elege o jornalismo como inimigo por não fazer propaganda do regime, ignora a ciência e põe a população em risco por achismo, falta de cultura, superstição e obscurantismo, militariza o cotidiano em nome de um ideal de ordem, disciplina e obediência, tem dificuldade de conviver com o pluralismo de opiniões, atua para calar os oponentes, espalha mentiras para sustentar mitos e narrativas irrealistas, manipula vulneráveis para dominar consciências, tudo faz para transformar poder em vingança.

Jair Bolsonaro é um projeto de tirano em busca da sua consumação. Odeia o STF, o Congresso Nacional, a mídia, as universidades, a ciência, a liberdade de expressão, a arte, a cultura e tudo o que representa o consagrado ideário do iluminismo. Tosco, simplório, ressentido, violento, preconceituoso e autoritário, permite-se confrontar evidências duramente coletadas por cientistas e impor a sua vontade a seguidores que parecem lobotomizados. O bolsonarista raiz acha que fanático é o seu oponente. Vê-se como uma "pessoa de bem" enfrentando os ideológicos. Não consegue perceber o quanto se comporta como um robô. Há o momento em que o alarme dispara. Se nada for feito, a democracia brasileira corre perigo. Quando Bolsonaro participa de manifestações que defendem o fechamento do STF e do Congresso Nacional e o retorno da ditadura, sinaliza que não repudia esse cenário.

O projeto de Bolsonaro para o Brasil passa pela devastação da Amazônia, entregue ao agronegócio, a mineradores e madeireiros, pela ocupação das terras indígenas, pela destruição de toda legislação trabalhista, pela privatização do que resta do patrimônio e dos serviços públicos, pelo sufocamento do dissenso, pela imposição de um modelo moralista anacrônico de comportamento, pelo acobertamento de ações espúrias de amigos e familiares do governante supremo, pelo culto à personalidade do "duce", pela transformação da Polícia Federal em guarda pretoriana ou em polícia política do regime tornado sagrado, por intimidação constantes a dissidentes, pela ocupação total dos cargos públicos por acólitos capazes de recitar a cartilha do sistema, pela perseguição encarniçada aos adversários e pela estigmatização dos aliados que caem em desgraça por infidelidade aos desatinos do mestre.

O neotirano em gestação sempre se apresenta como porta-voz de uma nova política, conectado diretamente ao corpo social, o povo, sem precisar de intermediários, os representantes eleitos, como portador de uma missão salvacionista, iluminado no meio das trevas, espalhando o seu obscurantismo como se fosse um farol civilizador. Não prega para converter, prega para convertidos. Bolsonaro conta com o cinismo do mercado, o ressentimento de parte da classe média, a ignorância de amplos setores, a exploração patética, mas eficaz, da ameaça comunista, a mentira sobre a paz e a honestidade dos tempos de ditadura, o simplismo como visão de mundo ao alcance dos mais carregados de ódio. Benito Mussolini defendia que só um povo armado podia ser livre.

Eduardo Bolsonaro prega abertamente o golpe. Flávio Bolsonaro elogia o capanga Queiroz. Carlos Bolsonaro solta palavrões para colegas vereadores no WhatsApp. Jair Bolsonaro ameaça o STF e condecora o escudeiro Abraham Weintraub, o que chamou os ministros do STF de vagabundos e clamou pela prisão dos magistrados. Ao mesmo tempo, adoça o procurador-geral da República, que poderia denunciá-lo, com a promessa de uma vaga no Supremo Tribunal Federal. O Brasil navega à beira do abismo sem instrumentos nem capitão no comando. O naufrágio surge como um iceberg contra o qual parece não haver proteção.

Terraplanistas, antivacinas e negacionistas do coronavírus encarnam o mesmo imaginário: o do horror ao saber, ao conhecimento, ao intelecto, aos métodos científicos, à cultura.

Fenômeno típico do fascismo. Vale lembrar que o fascismo passa por mutações conservando o seu núcleo duro. Diante da ameaça que paira sobre o Brasil, só resta, amparado nos tantos crimes de responsabilidade cometidos até agora pelo capitão convertido em comandante supremo à espera do autogolpe que poderá fazer dele o tirano enfim consumado, recorrer a um neologismo que é também um grito de dor: impichai o infame, impichai o idiota.

*29/05*

# Cinco referências nazifascistas no bolsonarismo

O ministro Celso de Mello, decano do Supremo Tribunal Federal, declarou que os "bolsonaristas odeiam a democracia" e comparou o Brasil com os primórdios da Alemanha nazista. Houve quem visse exagero. Os sinais de simpatia pelo nazifascismo entre bolsonaristas existem. Nos últimos meses, cinco referências escancararam esse imaginário sombrio:

1 – Roberto Alvim, secretário nacional da Cultura, fantasiado de Goebbels, o ministro da Propaganda de Hitler, recitando palavras do monstro em defesa de uma arte nacionalista. O escândalo foi tão grande que Jair Bolsonaro teve de demitir o imitador de guru nazista.

2 – A marcha comandada pela ativista Sara Winter contra o Supremo Tribunal Federal imitando a organização racista norte-americana Ku Klux Klan, com tochas, máscaras e ideias de extrema direita.

3 – Os copos de leite bebidos em lives de bolsonaristas na internet, inclusive, numa delas, com participação do presidente da República. Essa prática aparentemente inocente remete ao imaginário da All Right, que congrega supremacistas brancos, com sua ideologia racista e de extrema direita e, segundo especialistas, ao nazismo.

4 – Bolsonaristas portando bandeiras neonazistas na manifestação da avenida Paulista, em São Paulo, que terminou em conflito com grupos pró-democracia e com a polícia. Segundo autoridades, o uso dos símbolos neonazistas teria sido o estopim do choque entre os campos opostos.

5 – Jair Bolsonaro, na agora famosa reunião ministerial de 22 de abril de 2020, repetindo quase literalmente frase do líder fascista italiano Benito Mussolini: só um povo armado é forte e livre.

Só não vê quem não quer ou aplaude.

*01/06*

# Um governo que esconde números

A nova tática do governo Jair Bolsonaro para combater a pandemia é a manipulação dos números de casos e mortes. A primeira medida de impacto foi retardar a divulgação dos dados para depois do Jornal Nacional. A segunda, esconder o tamanho da tragédia. E ainda tem quem acredite na "pureza" do capitão. Até o astrólogo Olavo de Carvalho já anda desencantado com o mito que ajudou a fabricar. Os fanáticos, porém, continuam fiéis. Para tudo eles encontram uma resposta capaz de fazer da realidade uma ficção e desta um artigo de fé inabalável.

Jair Bolsonaro vangloria-se de não ter corruptos no seu entorno. Mas o ministro do Turismo, Marcelo Antônio, acusado de ter organizado um laranjal nas últimas eleições, nunca foi afastado. Laranjal é uso indevido de dinheiro público. O ministro Ricardo Salles, inimigo do Meio Ambiente, acusado de "fraudar processo do Plano de Manejo da Área de Proteção Ambiental da Várzea do Rio Tietê, em 2016", tendo sido condenado em primeira instância, permanece tranquilo no governo destacando-se em reuniões ministeriais, como a de 22 de abril de 2020, por defender a desmontagem das normas de proteção ambiental enquanto a mídia está distraída com o coronavírus. Flávio Bolsonaro, filho do presidente, é acusado de "rachadinha" – tomar parte dos salários dos funcionários – na Assembleia Legislativa do Rio de Janeiro. Já foi derrotado em onze recursos para bloquear a investigação. Não desiste.

Na época da presidência de Dilma Rousseff a direita criticava o financiamento com dinheiro público dos chamados "blogues sujos", que defendiam o governo. Agora, são os canais podres de direita que se lambuzam com grana do Banco do Brasil, da Eletrobras e da Petrobras. O jornal O Globo deu manchete: "Canais no YouTube que atacam STF e pedem intervenção militar receberam verbas estatais". A empresa encarregada da distribuição do dinheiro alega que são os algoritmos que decidem para onde vai o dinheiro de acordo com o perfil e o interesse do cliente. O financiamento vai por coincidência para os canais e dos blogues mais chapas-brancas da politicagem brasileira. Onze sites bolsonaristas receberam bufunfa oficial. Vale lembrar que o Tribunal de Contas da União mandou fechar a torneira do Banco do Brasil para sites disseminadores de fake news. O governo, porém, não gosta de se dobrar. Teta não tem tamanho.

Este parágrafo da matéria de O Globo merece citação literal: "Entre os blogueiros que receberam verba publicitária da Petrobras e que são investigados pelo STF estão Allan dos Santos, do canal 'Terça Livre', Enzo Leonardo Suzi Momenti, do canal 'Enzuh', e Bernardo Pires Kuster. Os três foram alvos de mandados de busca e apreensão na última quarta-feira. O 'Terça Livre', de Santos, veiculou 3.490 anúncios pagos pela Petrobras. Já o canal de Kuster no YouTube veiculou 3.602 anúncios pagos pela estatal, enquanto o canal de Momenti veiculou 1.192. A Eletrobras também teve propagandas divulgadas nesses três canais. Foram 536 no de Kuster, 398 no 'Terça Livre' e 273 no de Momenti". Que coisa.

Viva o novo Brasil que distribui cargos para o Centrão garantindo que são decisões técnicas. Um dos indicados foi escolha do probo e muito técnico Valdemar Costa Neto. Se usar farda, vai longe: "O comandante-geral da Polícia Militar de Minas Gerais (PMMG), coronel Giovanne Gomes da Silva foi nomeado presidente da Fundação Nacional de Saúde (Funasa)". O Centrão abocanha cargos em departamentos que controlam bilhões de reais. "CPMI diz que governo publicou 653 mil anúncios em canais de notícias falsas". Opa! Segundo O Globo foram "dois milhões de anúncios em sites de fake news e de conteúdo". Os bolsonaristas raiz alegam que essas denúncias são fake news. Uau!

*07/06*

# Cancelados e canceladores

Eu cancelo, tu cancelas, ele cancela, nós cancelamos, vós cancelais, eles cancelam. É o verbo do momento. O cancelado quer cancelar o cancelador, que pode jamais se arrepender de ter cancelado. Outrora, no entender dos críticos do cancelamento oficial, tivemos o engavetador-geral da República, o esquecido Geraldo Brindeiro, PGR dos tempos de FHC. Teríamos agora o CGR, o cancelador-geral da República, o ministro do STF Alexandre de Moraes. Acima dele estaria o presidente do Supremo Tribunal Federal, Dias Toffoli, que pretenderia ser o "editor da sociedade", o cancelador-mor da nação. Só que eles estão cancelando mentiras que difundem ódio e preconceito. Na Revolução Francesa de 1789, cada cancelador acabou cancelado: Marat, Danton, Robespierre, etc. Todos cancelavam pelos mesmos motivos: a moral.

Moral revolucionária, o bem, o belo, o verdadeiro, a virtude. A União Soviética também cancelou fartamente. As ditaduras de Pinochet e dos generais brasileiros de plantão também praticaram o cancelamento como norma e continência. Há cancelamento de direita e cancelamento de esquerda, cancelamento pelo futuro e pelo passado, cancelamento ressentido e cancelamento profilático. Certa direita quer cancelar os politicamente corretos para poder continuar praticando a humilhação vocabular. Certa esquerda, segundo críticos alarmados, gostaria de cancelar tudo o que a desagrada. "Dialética do esclarecimento", por exemplo, teria de sofrer cancelamento e virar, quem sabe, dialética da ilustração. Eu sou a favor da crítica, não de todo tipo de cancelamento, que, para mim, é diferente do bloqueio. Já bloqueei muita gente nas redes sociais. O cancelamento é mais radical: pode querer o linchamento do outro, a eliminação, a asfixia, a extinção, o fim. Vale, porém, lembrar que os canceladores normalmente pertencem a grupos historicamente cancelados. Não se divertem cancelando.

Cancelar estátua não me choca. Até defendo. Nenhuma homenagem do passado precisa ser para sempre. Eu recolocaria em votação nomes de rua a cada 50 anos. Trocaria o nome da Castelo Branco por Elis Regina, Porongos ou Teixeirinha. Cancelar viventes me parece delicado, mas não necessariamente impraticável. Há cancelador que não costuma aceitar desculpas nem arrependimentos. Estraga o cancelamento, que pode atingir até a vigésima geração do cancelado e todos os seus colaterais. Criticar parte da cultura do cancelamento não significa tolerar disseminadores de fake news ou praticantes de toda sorte de preconceitos. Passa por evitar julgamentos sumários. E por ser impiedoso na crítica. Já me cancelaram várias vezes. Sobrevivi.

Fui cancelado pela esquerda e pela direita. Posso ser cancelado novamente a qualquer momento. A primeira coisa que alguns canceladores pedem é a demissão. Discípulo do liberal John Stuart Mill, gosto do contraditório. Quero ouvir o cancelador e o cancelado. De Mill, gosto muito do "princípio do dano". Deve-se cancelar o que traz prejuízo a terceiro. Se a figura não quer usar máscara para se proteger, por se considerar, quem sabe, inatingível pelo vírus, deve usar para diminuir o risco de infectar outras pessoas. Nelson Mandela é um dos meus ídolos. Cancelado por quase três décadas, recusou-se a utilizar o cancelamento. Perdoou para seguir em frente. Entendo a dificuldade de perdoar, especialmente quem não se arrepende, mas creio que se pode avançar sem cancelar todos que falham em algum momento. Tenho minha inocência. Por outro lado, não vejo como dizer a quem sofre cancelamento que deve ser "tolerante" e perdoar os seus canceladores. Há na crítica à chamada cultura do cancelamento uma preocupação com extremos, mas também uma queixa contra os ataques a canceladores privilegiados, aqueles que sempre puderam exercer o cancelamento como "liberdade de expressão" contra os que não dispunham e podem ainda não dispor de canais de expressão para se liberar das opressões jamais canceladas. O cancelador histórico não suporta se ver cancelado.

*09/08*

# Era uma vez um país

João Fanfarrão foi deputado por 30 anos. Ficou conhecido por suas bizarrices. Nunca apresentou qualquer projeto relevante. Empregou familiares e amigos em pencas nos seus gabinetes. Abraçou todas as causas absurdas e preconceituosas do seu tempo. Tantas fez o moço que os homens de bem, os empresários de bens, os críticos dos ideologismos e as pessoas que se tinham por responsáveis, sensatas e sérias resolveram elegê-lo presidente da República. Nem ele acreditava. Quando se deu conta, estava sentado na fofa cadeira presidencial.

Teve de governar. Cercou-se de gente estranha, terraplanistas, antiglobalistas, adeptos de teorias da conspiração e anticomunistas determinados a caçar vermelhos invisíveis. Para ministro da Educação, João Fanfarrão escolheu um sujeito que não sabia português. Depois, um que tinha o hábito de engordar seu currículo com fake news. Para ministro da Economia optou por um inimigo do Estado e de políticas públicas. Demitiu médicos do Ministério da Saúde e pôs no lugar um general da ativa determinado a receitar, sem ser formado em medicina, remédios rejeitados pela ciência num momento de pandemia. O seu ministro do Meio Ambiente odiava a preservação da natureza. O ministro das Relações Exteriores detestava acordos multilaterais e preconizava o isolamento nacional. Só os Estados Unidos seriam dignos de amizade.

Singular, João Fanfarrão, embora nacionalista radical, comemorava o 4 de julho, data máxima dos Estados Unidos da América. Investigações revelaram irregularidades na vida pública de filhos do presidente Fanfarrão, aos quais ele declarou que daria, sempre que possível, filés. Um queria ser embaixador nos Estados Unidos onde havia fritado hambúrguer. Outro, embora vereador, pretendia reinar no palácio presidencial. O mais velho foi acusado de se apropriar de parte dos salários dos seus funcionários quando deputado estadual.

E assim ia a vida nesse país de ficção. João Fanfarrão descumpria as regras que o seu Ministério da Saúde recomendava. O tempo passava e a nação não tinha ministro da Saúde titular, apesar da já citada pandemia, não conseguia emplacar um gestor na Educação, seguia a orientação ideológica de um "lunático" radicado nos Estados Unidos, segundo o qualificativo usado pelo presidente da Câmara dos Deputados, e via a situação econômica afundar. O país era um barco à deriva. João Fanfarrão frequentava atos contra o Congresso Nacional e pelo fechamento do Supremo Tribunal Federal. Mesmo assim, garantia ser um defensor fervoroso da democracia, dos valores morais e da ética.

Era uma vez um país que em nome do bom senso elegeu presidente da República um parlamentar bizarro que faria propaganda de cloroquina para emas indiferentes e desdenhosas. Passados quase dois anos de desgoverno, o mercado, com seu discurso de responsabilidade, continuava a dar-lhe apoio e sua popularidade junto aos mais vulneráveis aumentava graças ao auxílio emergencial, que não queria conceder, aumentado pelo parlamento. O negacionista faturava com sua negação junto aos mais atingidos pelo vírus. Apesar dos defensores de que a Terra é plana e dos ataques à ciência, pessoas que se viam como racionais, prudentes e moderadas permaneciam fiéis a João Fanfarrão, que, por estratégia, resolveu se encolher um pouco quando viu sua família rachada por investigações, salvo quanto à cloroquina, que continuava a receitar para todos os bípedes, inclusive as emas. Evidentemente que um país assim nunca existiu. Seria inverossímil.

*14/08*

# Lugar do outro

Para mim a grande questão é a empatia. Publiquei um romance intitulado "Acordei negro" (Sulina/Figura de Linguagem). Leitores me perguntam se o personagem, branco, passou por uma metamorfose kafkiana e despertou negro, ou se, negro, tomou consciência da sua negritude. Respondo que, de certeza, não sei, pois tudo é possível e as duas hipóteses são boas. Mas uma terceira também faz sentido: pode ser uma história sobre empatia, sobre colocar-se no lugar do outro. Como seria, sendo branco, ver-se negro? É muito importante pensar o "lugar de fala" de cada um. Pode ser também interessante refletir sobre o "lugar do outro", sentir-se no lugar de fala de outro, experimentar.

O paradoxo do meu personagem, se essa terceira hipótese for pertinente, é que para ser verossímil ele não pode, quando negro, ser um negro inteiramente como os negros se veem e sentem. Ele é um branco que se vê como negro. A sua percepção da negritude só pode ser incompleta, falha, aproximativa, não só pelo autor ser branco, o que também conta, embora, na história da literatura homens brancos tenham construído personagens fabulosas, inclusive de mulheres negras, mas principalmente pelo fato de que ele se vê na pele do outro, que também poderia ser o título do romance. Uma frase do poeta Jean-Arthur Rimbaud sempre é citada por quem se interessa pela pluralidade: "O eu é um outro". Ou, se for o caso, sou outro, sou muitos, quem sou?

Sendo branco, que negro eu poderia ser? Sendo homem, que mulher eu poderia ser? Não sei se essa é a melhor chave para entender meu livro, pois, enquanto o escrevia, fui arrastado pelo narrador, que não pode ser confundido totalmente com o autor, para pontos de vista imprevistos. Perdi o controle. Quando estive em Quelimane, em Moçambique, para onde meu personagem viaja e atrás de quem eu fui como um autor em busca da sua criatura, passei uma noite quase sem dormir acossado pelas dúvidas e desejos da figura que estava criando. Ela queria mais liberdade para ser o que sua personalidade impunha.

Talvez o meu livro simplesmente pergunte: posso me colocar no lugar do outro sem reduzi-lo a mim? Posso sentir o que o outro sente? A empatia ainda faz sentido? Ou estou condenado a uma estranheza radical em relação a esse outro com quem convivo e a quem posso amar? O lugar de fala me encerra numa essência ou numa história ou se abre para outros que estejam dispostos a compartilhá-lo? Acredito modestamente que dentro de cem anos meu livro será lido como uma boa pista para pensar dilemas que hoje se encontram interditados. Não tenho pressa. Um autor, já disseram outros, muitas vezes precisa inventar o seu leitor, o seu intérprete ideal, salvo se quiser apenas satisfazer rapidamente os dois juízes da hora: o público e o crítico.

Ainda podemos ser humanidade? Desconfio do universalismo abstrato que adia para um futuro sempre prorrogável a consumação do homem acima das suas circunstâncias. Há mais uma hipótese sobre o meu romance: seria o delírio de um personagem que matou o autor e se apossou da sua mente, do seu computador e do seu lugar de escrita?

*18/08*

# Cada um indica o juiz que precisa

Os republicanos empenharam-se em impedir Barack Obama de indicar um juiz para a Suprema Corte meses antes das eleições. Agora, Donald Trump indicou uma juíza do seu campo ideológico para a mesma corte já na boca das urnas. Ela poderá votar em seu favor caso ele perca a eleição e recorra à justiça para ter o que os eleitores possam lhe ter negado.

No Brasil, como o PT ganhou quatro eleições seguidas e pôde indicar muitos ministros ao STF, o jeito foi ampliar de 70 anos para 75 a idade da aposentadoria compulsória. Era mais fácil do que ganhar uma eleição presidencial. Mas, com ajuda da Lava Jato, aconteceu. Instalado no poder, Jair Bolsonaro adoraria reduzir essa idade para se livrar de togados incômodos, ainda que o jovem, dito petista, Dias Toffoli tenha lambido as suas botas com devoção estratégica e incontida falta de decoro. Com a aposentadoria do decano Celso de Mello, Bolsonaro vai indicar um dos prováveis juízes do seu governo e dos seus filhos, especialmente do 01, mais adiantado em apuros.

O pessoal que apoiou a virada de mesa do aumento da compulsória e pregava escolhas ditas técnicas, no que Lula e Dilma acreditaram, indicando conservadores disfarçados de juristas equidistantes, não se manifesta quanto à escolha de um ministro terrivelmente fiel ao benfeitor. Tudo que era anormal virou natural de uma eleição para a outra. Ouve-se até um argumento sussurrado: é a regra do jogo.

*27/09*

# Há 176 anos, na madrugada de 14 de novembro de 1844, acontecia o massacre dos negros que lutaram ao lado dos farroupilhas

O que aconteceu em Porongos?

Dediquei vinte capítulos do meu livro "História regional da infâmia, o destino dos negros farrapos e outras iniquidades brasileiras" (L&PM, 2010) ao famoso episódio de Porongos. Debulhei toda a documentação que encontrei sobre o acontecido. O que houve em Porongos? Traição, surpresa ou negligência? As forças de Francisco Pedro de Abreu, o Moringue, caíram sobre o acampamento de David Canabarro, em 14 de novembro de 1844. Moringue escreveu a Caxias: "Hoje, ao romper da aurora ataquei ao Canabarro com o seu intitulado exército de mil e tantos homens: foi derrotado completamente, tendo cento e tantos mortos, e trezentos prisioneiros..."

Caxias, em 16 de novembro de 1844, respondeu: "Recebi com grande prazer o seu ofício datado de 14 do corrente, em o qual me participou o glorioso feito d'armas desse dia, e é V. S. merecedor dos maiores elogios pelo acerto com que soube dirigir suas marchas, e valor com que atacou esse bando de cobardes que não souberam ao menos defender suas vidas com honra". Na mesma noite do massacre, em Porongos, José Gomes de Vasconcelos Jardim, David Canabarro, João Antônio da Silveira e Antonio de Sousa Neto haviam assinado um documento propondo a paz: "Os chefes abaixo assinados, do Povo Rio-grandense em armas contra o Governo Imperial, desejosos de terminarem a guerra civil que há nove anos devasta este belo país..."

Segundo Caxias, Canabarro "tranquilamente dormia no seu acampamento junto ao serro de Porongos quando o Coronel Francisco Pedro o surpreendeu na madrugada do dia 14, logrando aprisionar toda a infantaria, em número de 280 homens, toda a bagagem, abarracamento, todos os seus papéis, cinco Estandartes, 34 oficiais, inclusive o intitulado ministro da Fazenda, armamento, cartuchame, etc., deixando no campo mais de 100 mortos, entre estes um Coronel e alguns oficiais, sem que da nossa parte tivéssemos o menor prejuízo, além de 4 homens feridos, e um oficial que recebeu três contusões". O que houve?

A primeira desconfiança partiu de Bento Gonçalves. Em carta ao amigo Silvano, de 27 de novembro de 1844, Bento diz: "Foi com a maior dor que recebi a notícia da surpresa que sofreram o dia 14 deste! Quem tal coisa esperaria por uma massa de infantaria cujos caminhos indispensáveis por onde tinha de avançar eram tão visíveis que só poderiam ser ignorados por quem não quisesse ver nem ouvir, ou por quem só quisesse ouvir a traidores talvez comprados pelo inimigo!!!"

Quem morreu no ataque?

No seu livro "Rio Grande do Sul", publicado em 1897, Alfredo Varela mostrou-se categórico: "Foi uma entrega perfeita (...) Canabarro desde muito traía a República". Alfredo Ferreira Rodrigues, com base na Ordem do Dia 170 e em depoimentos dos republicanos João Pedro da Costa e José Pacífico Ribeiro e dos legalistas Pedro José Bandeira e Leonel Ribeiro de Almeida, fez duas vezes grandes defesas de Canabarro. A primeira, em 1898, em "A pacificação do Rio Grande – David Canabarro e a Surpresa de Porongos", publicada no "Almanaque" de 1899. Após 105 notas de rodapé, Canabarro é absolvido das acusações de Varela e, como se verá, de Manuel Alves da Silva Caldeira.

Domingos José de Almeida, cruzando correspondências do Barão de Caxias, refere-se à "mortandade de pretos somente entrando nesse número dois oficiais que pela cor pouco diferençavam". Em carta ao general Antônio de Souza Neto, de 1º de setembro de 1860, ele pediu explicações: "Não desejando consignar no histórico de nossa revolução senão fatos verdadeiros e bem averiguados, rogo-lhe que me informe com a possível brevidade; 1º Se com efeito antes do célebre ataque de Porongos houve avisos de aproximação do Coronel Francisco Pedro. 2º Se o falecido Coronel Joaquim Teixeira tivera ordem de se conservar no ponto em que foi surpreendido, e dele não sair sem aviso, bem como o Tenente Polvadeira segundo se diz. 3º Se na véspera do dito ataque foram tirados os cartuchos da infantaria para no dia seguinte se receberem outros, e se os mortos foram quase exclusivamente infantes".

As informações iniciais mais importantes sairiam da pena de um ex-lanceiro de Teixeira Nunes, Manuel Alves da Silva Caldeira. Desde, ao menos, 1894 que ele se correspondia com Alfredo Varela e enviava-lhe documentos. Em 1º de dezembro de 1898, Caldeira manda um bilhete a Alfredo Varela: "É com viva satisfação que lanço mão da minha grossa pena para saber notícias suas e agradecer-lhe o presente que me fez do Livro 1º da História da Revolução de 1835 escrita pelo Sr., narrando os fatos conforme eles se deram. Araripe diz que Canabarro foi surpreendido em Porongos. Assis Brasil, navegando no mesmo batel carregado de mentiras de Araripe, diz o mesmo, e sr. Alfredo Ferreira Rodrigues também segue a opinião deles, inocentando o Canabarro pela traição que fez em Porongos. Forjem os documentos que quiserem para defender Canabarro que não conseguirão salvá-lo". Enviava os seus apontamentos sobre a Revolução Farroupilha. Neles, informava ter sido revolucionário de primeira hora, tendo entrado em Porto Alegre, em 20 de setembro de 1835, com as forças de Onofre Pires e Gomes Jardim.

"Todas as marchas que o meu Corpo fez para diferentes destinos eu acompanhei, menos quando estive no Rio", escreve. Ele esteve no palácio, em Porto Alegre, anos antes de Porongos, quando Ulhoa Cintra, enviado de Bento Gonçalves, teria ouvido do presidente da província, Álvares Machado, que este podia aceitar todas as demandas dos rebeldes, mas "os pretos cativos que estão servindo na revolução serão entregues ao Governo para lhes dar o destino conveniente". Ouviu Ulhoa contestar: "Visto isso ficarão eles sendo escravos do Governo?" E Machado completar: "Não ficarão escravos do Governo, vão ser entregues ao Governo para serem empregados nas fazendas da Nação".

Caldeira acusou: "Vou relatar-lhe detalhadamente aquela hecatombe como foi. Canabarro, de combinação com Caxias e Moringue, deu entrada a Moringue em seu acampamento, para derrotar a força comandada pelo General Neto, menos a do General João Antônio da Silveira que estava acampada em lugar que ficou livre do ataque. Francisco Pedro, na véspera do ataque, acampou nos fundos do potreiro da estância da Dona Manoela, irmã do General Neto, sobre a margem esquerda dum galho de arroio Candiotinha que recebe águas da serra da Veleda. Um peão da dita estância foi recolher animais no campo e falou com os cavalariços que cuidavam a cavalaria da força que estava acampada e por eles soube que era Moringue que ali estava. Dona Manoela sabia que Canabarro estava acampado nos Porongos e mandou chamar o velho Pereira que morava no Candiotinha, o qual atendeu ao seu chamado e pediu-lhe para ir ao acampamento do Canabarro dizer ao seu irmão que Moringue estava acampado no referido lugar. Pereira foi à casa mudar de cavalo e roupa e depois marchou para o acampamento e deu o recado a Neto, que sua irmã lhe mandava. Neto depois de ouvi-lo disse: 'Vá dar a mesma notícia a Canabarro'. Pereira foi à barraca de Canabarro e, aproximando-se respeitosamente a ele, transmitiu-lhe a referida notícia. Canabarro perguntou a Pereira: 'Você viu o Moringue?' Pereira respondeu negativamente. Canabarro: 'E então, como é que diz que é o Moringue?'" O relato de Caldeira tem linha própria.

"Pereira disse como sabia. Canabarro: 'Você não está mentindo?' Pereira era homem sério e ficou desapontado. Canabarro perguntou-lhe de que lado era o vento. Pereira disse de que lado estava, então Canabarro disse: 'O Moringue sentindo a minha catinga aqui não vem. Marche para a sua casa e não ande espalhando esta notícia aterradora aqui no acampamento'. Canabarro deu ordem para chegar a cavalhada da reserva à frente do acampamento, para mudarem de cavalos (os cavalos chegaram porém não foram pegos). Também deu ordem ao quartel-mestre para recolher o cartuchame da infantaria e carregasse em cargueiros porque estavam se estragando nas patronas; para serem distribuídos quando aparecesse inimigo. Neto estava acampado em mau lugar, por isso mudou de acampamento depois que teve aviso de sua irmã (...)".

Controvérsia histórica.

Na sua primeira tentativa de refutar as acusações contra David Canabarro, Alfredo Ferreira Rodrigues teve de contentar-se com argumentos frágeis e testemunhos ralos e pouco desenvolvidos. Sobre a retirada do cartuchame, por exemplo, satisfez-se com uma nota de rodapé: "Este pormenor, à primeira vista de grande importância para a acusação, é negado pelos srs. J. P. da Costa e P. J. Bandeira que afirmam ter havido um princípio de resistência com tiroteio".

Que motivos teria Canabarro para trair em Porongos? O principal deles seria apressar o fim da resistência de alguns líderes e acabar com o principal empecilho à paz: o destino dos negros que estavam em armas com os farrapos e cuja devolução era exigida pelo império, enfrentando, nesse sentido, a oposição de Bento Gonçalves e Neto. Alfredo Varela, em "Rio Grande do Sul" (1897), assim resumiu o problema: "Canabarro dispusera-se pela paz, de conformidade com os conselhos dos seus amigos do Rio de Janeiro; muitos a queriam, mas havia desacordo quanto ao modo de fazê-la (...) Irritado com a resistência, abraçou francamente o partido dos contrários".

A resposta de Varela a Ferreira Rodrigues logo veio. Em 26 de janeiro de 1899, no Jornal do Comércio, do Rio de Janeiro, publicou uma bomba, um ofício de Caxias a Francisco Pedro de Abreu, dando conta de um acordo com David Canabarro para um massacre em Porongos.

"Cópia. Reservadíssimo. Ilmo. Sr. Regule V. S. suas marchas de maneira que no dia 14 às 2 horas da madrugada possa atacar a força ao mando de Canabarro, que estará nesse dia no cerro dos Porongos. Não se descuide de mandar bombear o lugar do acampamento de dia, devendo ficar bem certo de que ele há de passar a noite nesse mesmo acampamento. Suas marchas devem ser o mais ocultas que possível seja, inclinando-se sempre sobre a sua direita pois posso afiançar-lhe que Canabarro e Lucas ajustaram ter as suas observações sobre o lado oposto. No conflito poupe o sangue brasileiro quanto puder, particularmente da gente branca da Província ou índios, pois bem sabe que essa pobre gente ainda nos pode ser útil no futuro. A relação junta é das pessoas a quem deve dar escapula se por casualidade caírem prisioneiras. Não receie da infantaria inimiga, pois ela há de receber ordem de um Ministro e de seu General-em-chefe para entregar o cartuchame sobre [sic] pretexto de desconfiança dela..."

Esse documento foi achado por Alfredo Varela entre os muitos papéis que possuía de Domingos José de Almeida. Essa cópia fora enviada a Almeida por Bernardo Pires, em 1º de agosto de 1859, com a seguinte explicação: "Vai a Reservadíssima para, digo, que detalha a surpresa dos Porongos, da qual faço mui individual menção para que no caso de que possa ela ter lugar de aparecer em nossa História ou mesmo publicada em jornais, que não nos sirva de vergonha, e para isso declaro solenemente que tal escrito foi por mim copiado do original, ou cousa mui parecida, que Chico Pedro Moringue mostrou ao Sr. Manoel Rodrigues Barboza em muita reserva, e este me mostrou".

Varela estremeceu. Ao contar essa conversa a Bernardino, filho de Domingos José de Almeida, ouvira algo ainda mais forte: "Não sei se há provas da traição de Canabarro. Sei que meu pai estava convencido disso por ouvi-lo conversar a respeito com o padre Hildebrando. Posso contar-lhe alguma coisa que, suponho, tem relação com o que se refere. Muito depois da paz, vindo Canabarro visitar meu pai, tiveram grande conferência a sós. Entrando eu de repente na sala em que estavam e que era situada à beira-rio, ouvi meu pai dizer ao general, apontando para fora: – Nem toda a água deste rio pode lavá-lo desta mancha. Ao que Canabarro respondeu: – O tempo há de me justificar".

Na correspondência de Almeida, ao menos 14 documentos tratam de Porongos. Em 17 de setembro de 1859, em resposta a Bernardo Pires, escreveu: "Custa com efeito crer que fosse combinado o último ataque de Porongos; porém eu que aqui vi com antecedência duas cartas de Caxias anunciando ao falecido Veador João Rodrigues Ribas o próximo termo da revolução; pois que certos bichos, e que bichões!, estavam de acordo e podiam prestar (formais palavras). E que se quisesse ver pedisse ao Moringue parte desse plano que tinha de executar para disso convencer-se". A Bernardo Pires, Almeida dizia ainda: "O meu amigo copiou o reservado, como por descuido deixado por Moringue a Barbosa; eu vi o original e não trepido asseverar ser ele da letra de um oficial da secretaria da presidência, irmão do Dr. Capistrano..."

Em carta a João Antônio da Silveira, de 22 de novembro de 1860, Almeida perguntava por que o general não enfrentara Moringue em Porongos. Sem resposta. Em agosto de 1861, ele pretendia interpelar Caxias sobre Porongos. Interpelou Canabarro, diante de

Francisco José da Rocha, jogando-lhe na cara que pesavam sobre ele tais acusações. O general alegou esperar uma resposta de Caxias para poder manifestar-se publicamente. Nunca o fez. Nenhuma palavra. Curiosamente, sobre acusação de traição ou de incompetência, quando do ataque paraguaio ao Rio Grande do Sul, Canabarro defendeu-se com virulência. Em 27 de setembro de 1865, o ministro da Guerra, Ângelo Muniz da Silva Ferraz, submeteu-o à investigação por falta grave. Canabarro tratou de explicar que nada fora como diziam os acusadores. Distribuiu a responsabilidade dos fatos e argumentou racionalmente para refutar cada ponto duvidoso. Por outro lado, na sua correspondência presente na Coleção Varela não há uma só menção à palavra Porongos. Por que esse episódio não mereceu algum argumento contrário e vigoroso?

Para Varela, depois de descobrir o ofício de Caxias a Moringue, não restavam dúvidas: Canabarro traíra em Porongos. A denúncia de Alfredo Varela foi republicada no Correio do Povo, em 12 de março de 1899. Alfredo Ferreira Rodrigues, depois de um momento de ilusões perdidas, voltou ao ataque. Em 1900, publicou "David Canabarro e a surpresa de Porongos (réplica ao Dr. Alfredo Varela)". Depois de apresentar detalhadamente a "severa" argumentação de Varela, passou a analisar o que chamou de "falhas do documento". Não estava convencido da sua veracidade. Não podia. Não queria. Era somente uma cópia.

Alfredo Ferreira Rodrigues encontrava-se, portanto, desolado com a bomba publicada por Varela. Foi aí que recebeu carta de um leitor do Correio do Povo, Manuel Patrício Azambuja. Esse veterano da Revolução Farroupilha vinha contar o que ele e o seu cunhado, Félix de Azambuja Rangel, sabiam: o ofício de Caxias a Moringue era falso, forjado. Rangel fora ajudante de campo e amigo de Moringue, tendo participado do ataque a Porongos, o que é atestado pela louvação feita a ele por Caxias na Ordem do Dia 170. Manuel Patrício Azambuja, doente, não participara do combate, mas, restabelecido, teria ouvido do cunhado e do próprio Francisco Pedro de Abreu a confissão da ardilosa montagem.

Segundo os "venerandos cavalheiros", no Passo do Pequeri, junto à Quinta do Bibiano, Moringue perguntara ao major de brigada João Machado Moraes se seria capaz de imitar a letra de Caxias.

Diante da resposta positiva, Moringue teria dito: "Pois vamos fazer uma intriga contra Canabarro, fingindo um ofício de Caxias para mim, dizendo que no dia tal, mais ou menos, vá atacá-lo, visto haver entre ele e barão de Caxias um convênio para se deixar surpreender e derrotar". Os "venerandos cavalheiros" teriam contado também que, em Piratini, Moringue mostrara o texto a Caxias, o qual, resume Ferreira Rodrigues, "achou necessariamente o plano pouco leal, mas o mal estava feito e deixou que o ofício corresse sem desmenti-lo". Assim teria ocorrido.

Moringue, portanto, teria mostrado o ofício a Caxias, que o teria assinado, no começo de janeiro de 1845, em Piratini, bem depois do massacre decisivo. Triunfante, Alfredo Ferreira Rodrigues concluiu, citando Manuel Loureiro do Nascimento, que Canabarro jamais comentara o assunto por honradez. Canabarro não "vendeu a sua consciência nem atraiçoou ninguém". O que disseram literalmente Manuel Patrício Azambuja e Félix Azambuja Rangel? O primeiro, na verdade, baseou-se no depoimento do segundo, que mandou, inclusive, colher por Fábio Patrício Azambuja, e enviou por escrito ao ansioso Alfredo Ferreira Rodrigues.

Azambuja afirmava ter ouvido, ao retornar do período de recuperação de um ferimento sofrido em 16 de março de 1844, Chico Pedro pronunciar a frase "produziu bom efeito a bomba que lancei no meio dos farrapos". Mais: "Aludiu ao ofício fantástico que pediu a Caxias para assinar; não só isto, como outras revelações, ouvi da sua própria boca a respeito e minuciosamente por meu referido cunhado (...) Reuni-me a meu corpo justamente na quinta do Bibiano, a que se referem os apontamentos de meu cunhado, mas aí não soube da trama urdida por Chico Pedro, do falso ofício e imitação da firma de Caxias pelo Cap. João Machado, que era do mesmo corpo e servia em comissão de major de brigada. Deste ponto seguimos para a fronteira, a rumo de Jaguarão. Em caminho Félix Rangel expôs-me reservadamente parte do que fica dito em seus apontamentos e mais tarde o próprio Barão de Jacuí, o Chico Pedro". A história é um tecido de muitos fios e veredas.

Um ofício de Caxias mostra a sua relação com o último chefe farroupilha: "Davi Canabarro é hoje o chefe em cuja boa-fé mais confio, e ele me promete ser o primeiro passo logo que chegue ao ponto marcado para mandar entregar todos os escravos que ainda conserva em armas, e que formam a sua principal força". A prova de que ele não foi o último a aceitar a paz aparece nessa mesma correspondência de Caxias, de 4 de fevereiro de 1845: "Bento Gonçalves e Neto mostram-se pouco satisfeitos pela deliberação que vai tomar Davi, porém como pouco ou nada podem fazer, creio que se conformarão com o que resolver a maioria do partido, e no caso que isso não façam, eu já tenho entre eles quem mos entregue, para eu os remeter a S.M. O Imperador".

Nenhuma resposta realmente convincente jamais foi dada para fatos como os alertas recebidos por Canabarro: a derrota da sua vanguarda, comandada pelo major Polvadeira, que morreu no confronto, para a patrulha do tenente Fidélis Paes, três dias antes de Porongos, e o aviso enviado pela irmã de Neto da presença dos inimigos. Nada explica suficientemente a retirada do cartuchame. Por que, conforme usado por Caxias, Canabarro não se "acautelou", não se precaveu? A melhor defesa que lhe encontraram é de que se distraía na barraca da "safadíssima" Papagaia, a mulher do boticário. As respostas claudicam em testes de verossimilhança e documentação. Os capturados em Porongos foram enviados para o Rio de Janeiro, ao Arsenal da Marinha. Os proprietários foram indenizados em 1848. Tudo saiu como indicado. Infantes e lanceiros negros foram entregues. É dia de homenageá-los.

*14/11*

# 2021

# Por outro hino

De quem é o Rio Grande do Sul?

Dos tradicionalistas ou de todos nós?

O MTG é o quê?

Um politburo que define e zela pelos nossos símbolos?

Não.

É uma instituição legítima que pode e deve acompanhar as transformações no imaginário ainda que cultue tradições e valorize o passado.

Sou da campanha: admiro a vida campeira.

Conheço o sofrimento do gaúcho pobre de cátedra.

Ou banquinho de três pernas.

Mais ainda sendo negro.

Um hino deve ser aquilo que une.

Como pode o hino de uma parte ser cantado pelo todo?

Ainda mais quando ele é ofensivo a um segmento?

Na Revolução Farroupilha, o Rio Grande do Sul ficou dividido. A maioria não apoiou os rebeldes. Cidades como Porto Alegre e Pelotas seguiram seus caminhos. Os descendentes dos sul-rio-grandenses que permaneceram brasileiros e não viram na causa dos estancieiros motivo para se separar devem cantar o hino dos seus adversários, mesmo sabendo ou imaginando que seus antepassados os combateram?

O perdedor, anistiado pelo império, impôs a sua narrativa.

Os negros foram humilhados de forma radical três vezes pelos farroupilhas: quando foram vendidos no Uruguai para que os rebeldes financiassem o seu trem de guerra; quando o projeto de constituição redigido em Alegrete não previu a abolição da escravatura; quando foram traídos em Porongos. Por que os negros de hoje devem cantar um hino que humilha os negros, escravos, de ontem?

O hino, em tom de bravata, do meio pachola Chiquinho da Vovó, pede que "nossas façanhas sirvam de modelo a toda terra". Inclusive a de usar escravos na luta e não prever a abolição na magna carta republicana de um mundo novo? Essa letra nunca foi cantada pelos farrapos por ter sido composta quando a guerra civil já era. Ela se tornaria hino oficial do Rio Grande do Sul, em 1966, durante o regime militar.

A estrofe ofensiva aos negros é explícita:

"Mas não basta pra ser livre
Ser forte, aguerrido e bravo
Povo que não tem virtude
Acaba por ser escravo."

Quem eram os escravos? Negros.

Como eles eram lutando pelos farroupilhas?

Fortes, aguerridos e bravos.

O que poderia faltar para que não fossem escravos?

Pela letra de Chiquinho, logicamente, virtude.

A escravidão seria culpa moral da vítima.

Os defensores do hino alegam que não se trata disso.

Proponho que cantem esta versão:

Mas não basta pra ser livre
Ser forte, aguerrido e bravo
Povo que não tem virtude
Acaba por ter escravo.

Não cantariam? Por quê? Porque seria infamante para os heróis escravistas da época. Neste caso, o contexto seria o da revolução farroupilha, não o grego, romano ou um universal abstrato. Trocar um "s" por um "t" mudaria tudo: faria da farroupilha uma revolução abolicionista.

Mas não foi. Na república dos farrapos haveria escravos. Bento Gonçalves deixou 53 para os herdeiros ao morrer. Por que cantar um hino de uma parte, como se fosse do todo, que culpa o escravizado pela sua condição?

Melhor trocar de hino.

Se é para louvar nosso lado telúrico e agropastoril, nosso lado gaudério otimista, bastam estes versos famosos de Leonardo já cantados por muitos:

"Eu quero andar nas coxilhas sentindo as flexilhas das ervas do chão

Ter os pés roseteados de campo ficar mais trigueiro que o sol de verão

Fazer versos cantando as belezas desta natureza sem par

E mostrar para quem quiser ver um lugar pra viver sem chorar
E mostrar para quem quiser ver um lugar pra viver sem chorar
É o meu Rio Grande do Sul céu, sol, sul, terra e cor
Onde tudo que se planta cresce
E o que mais floresce é o amor
É o meu Rio Grande do Sul céu, sol, sul, terra e cor
Onde tudo que se planta cresce
E o que mais floresce é o amor
Onde tudo que se planta cresce
E o que mais floresce é o amor".

Se a primeira parte é complicada, difícil de cantar para desafinados, dá pra começar logo em "fazer versos cantando as belezas...". As cerimônias ficariam mais rápidas, encheríamos o peito de orgulho e talvez ninguém se ofendesse.

Ou poderíamos fazer outro hino.

Por que os hinos devem ser sempre do passado?

P. S.: há quem só queira um mito à sombra do qual se abrigar, em torno do qual vibrar, um sentido comum para compartilhar. O que deve prevalecer? Esse desejo de um ideal, um totem, mesmo ofendendo outros, ou o respeito a todos e à história?

*14/01*

# Capitalismo de pandemia

O lucro é legítimo e salutar. A livre iniciativa funciona como um motor poderoso. Mas há momentos em que o lucro não deve ser o principal? Há limites para o lucro? Se a vacina da Covid resvalar para clínicas privadas, teremos dois mundos e duas velocidades: o mundo dos vacinados privados e o mundo dos vacinados públicos? Quem tiver grana, será vacinado primeiro? A discussão sobre critérios de vacinação será resolvida pelo dinheiro? Chegou a parecer que a demora em autorizar vacinas no Brasil podia ter a ver com a privatização do processo.

Antes que a simplificação comece, isso nada tem a ver com defesa do comunismo ou outros reducionismos tão em voga. Fabricantes de vacina comprometeram-se a não priorizar o lucro nesta fase de combate ao inimigo mortal. Intermediários poderão fazer isso? Países altamente democráticos e capitalistas estabeleceram vacinação pública exclusiva. O Brasil adotaria um sistema diferente? O coronavírus ataca a humanidade. O mais eficaz seria uma gestão global da vacinação, talvez via Organização Mundial da Saúde e ONU. Para que uns fiquem bem, em se tratando de um vírus altamente contagioso, é fundamental que todos sejam imunizados. O vírus não diferencia línguas e nacionalidades.

Atenção: não significaria burocratizar o procedimento, mas unir a comunidade internacional no enfrentamento a um inimigo comum. Não adianta eu ter vacinas para imunizar dez vezes a população e o vizinho não ter para dez por cento dos seus. O vírus continuará circulando. Vender vacina surgiria como um negócio da China, com o perdão do uso dessa expressão. Vender vacina que não se produziu, ganhando em cima, num momento em que todos estão à mercê de uma peste, aciona gatilhos de várias naturezas. Cabe a pergunta: é ético? Vacinar todo mundo o mais rapidamente possível é o melhor caminho para liberar economias e retomar sadiamente a busca pelo lucro. Deve ser o meio para o fim.

O setor privado interessado no negócio diz que só quer ajudar o governo oferecendo vacinas para empresas que podem pagar e cujos funcionários não estariam nos grupos prioritários. Num regime de escassez, como é o das vacinas, põe num lugar, tira de outros. Por essa lógica, a fila será furada e não prioritários poderão ser vacinados primeiro. A tentação de ganhar dinheiro com esse gigantesco mercado quase compulsório é gigantesca. Como não abocanhar uma fatia dessa enorme pizza? Em situação corriqueira, com fartura na oferta, cada parte dá a sua contribuição e adota o método que lhe convém.

Para sair de uma pandemia não deveria cessar o interesse individual e prevalecer o mecanismo público capaz de tratar todos igualmente ou conforme parâmetros estabelecidos socialmente? Imagino que existam muitas respostas e argumentos. Creio que inaceitável seria não entrar neste debate. Este é um tempo estranho em que as opiniões circulam como nunca, mas as discussões exasperam. Fica a enquete: a vacina contra o coronavírus deve ser adquirida e ministrada pelo Estado ou pode ser intermediada, com lucro, por setores privados?

*16/01*

# Asfixia

A Anvisa liberou as vacinas. O governador de São Paulo vacinou um minuto depois. Jair Bolsonaro comeu poeira. Mas vai usar a "vacina chinesa", a "vacina do Dória", a vacina que desprezou. Antes disso, Manaus morreu junto com cada um dos que ficaram sem oxigênio e perderam a vida. O Brasil morreu ao lado de cada vítima da incompetência nacional. Falecer pela força devastadora de um vírus é uma coisa, bem outra é morrer por falta de tubos de oxigênio, algo que só depende de planejamento, organização e recursos. Sobrava cloroquina em Manaus, faltava oxigênio. Aos cinco mil mortos, o presidente da República falava em "gripezinha". Aos 50 mil, em "hidroxicloroquina salva". Aos cem mil, "vamos tocar a vida". Aos 175 mil, "finalzinho da pandemia". No ápice do horror, "Lamento as 200 mil mortes, mas a vida continua". Nunca um homem foi tão infeliz em tão pouco tempo.

Enquanto Manaus ainda transportava pacientes de Covid para outros estados e chorava os mortos asfixiados por falta de estoque de oxigênio, Bolsonaro declarava num programa de rádio da extrema direita: "Esse lockdown, esse isolamento causa muito mais morte, por depressão, por suicídio, por falta de emprego lá na frente do que a própria pandemia em si. Eu não tenho aqui os dados, o número de mortes por tipo de doença. A Covid tá mais lá embaixo. Então não tem por que ter esse trauma todo apenas preocupado com a Covid". Há quem viva em mundos paralelos, com verdades customizadas e óculos especiais. Numa hora dessas, de pânico, desespero, desamparo e tristeza, o que se quer é alguém que veja, sinta e compartilhe o sofrimento da nação.

Um documento enviado para a prefeitura de Manaus, assinado pela secretária de Gestão do Trabalho e da Educação na Saúde, Mayra Pinheiro, afirma existir "comprovação científica sobre o papel das medicações antivirais orientadas pelo Ministério da Saúde, tornando, dessa forma, inadmissível, diante da gravidade da situação de saúde em Manaus a não adoção da referida orientação". Seria interessante informar o organismo científico que garante essa eficácia. É praxe que o paciente assine um papel reconhecendo estar ciente da falta de comprovação científica dos benefícios dos medicamentos do chamado "tratamento precoce". Se finalmente se alcançou o aval da ciência, por meio de alguma instituição reconhecida, por que não divulgar?

Manaus não esquecerá estes dias de caos, revolta, vulnerabilidade e tragédia. No Twitter, Miguel Nicolelis, um dos mais renomados cientistas brasileiros no plano internacional, escreveu: "Em plena floresta amazônica, no centro do pulmão do planeta, pacientes em Manaus estão morrendo asfixiados por falta de oxigênio! O que mais precisa acontecer p/ o Brasil se dar conta que estamos tentando vencer uma Guerra sem termos 1 Estado Maior de Combate à Pandemia?" Imagino algum negacionista apegando-se ao secundário: a Amazônia não é o pulmão do planeta. Um dia, vamos chorar, vamos viver e vamos perguntar espantados e pesarosos: como foi possível? Será, mais ou menos, como questionar: como tão poucos europeus conquistaram tantos indígenas e destruíram impérios tão sofisticados e ricos? Somos todos manauaras e sentimos que o ar nos falta. Até quando? Até quantos? Por quê?

*18/01*

# Bandeira preta

Porto Alegre, com o prefeito Sebastião Melo, tentou uma via sanitária inusitada. Enquanto o mundo fechava, Porto Alegre abria. Londres fazia lockdown. Porto Alegre derrubava restrições. A Europa havia perdido as ilusões na cloroquina e na ivermectina. Porto Alegre distribuía o kit-covid para o "tratamento precoce". Tudo o que os demais não faziam, a capital gaúcha ressuscitava. A aposta era extraordinária: desidratar a pandemia diminuindo controles. Quase um liberou geral. Porto Alegre surgia como o farol do universo. Prometia o considerado impossível. Só faltou combinar com o maldito vírus.

Nelson Marchezan Júnior cometeu muitos erros como prefeito. Foi detonado por um dos seus acertos: fechar a cidade para segurar o vírus. A nova via porto-alegrense sempre me chamou a atenção. Como conheço Sebastião Melo, sempre tão afável, fiquei matutando uma explicação que me convencesse. Durante a campanha eleitoral, confesso que me choquei quando José Fortunati se apresentou como candidato. Para mim, era a vez do seu ex-vice, Melo. Fiquei mais chocado ainda quando Melo, se bem entendi, articulou o bloqueio à candidatura de Fortunati no TRE. Achei muito parecido com uma rasteira, no gênero tudo pelo poder. Ouvi que é assim mesmo, faz parte do jogo, política.

E o tratamento precoce nisso tudo? Uma hipótese simples é a seguinte: para se eleger, Melo teve de dar um "beijo hétero" no bolsonarismo triunfante. Uma anedota resume isso. Perde-se o amigo, mas não a piada. Fraude eleitoral na eleição de Porto Alegre: elegeram Sebastião Melo. Quando abriram a urna saiu Bibo Nunes. A política do tratamento precoce, sem respaldo científico, apesar das controvérsias, mandou a conta nem tão tardiamente assim: estamos na bandeira preta. Fala-se em situação desesperadora. A intenção era compreensível: lutar contra a Covid sem prejudicar a economia. Afinal, as pessoas precisam trabalhar e ganhar a vida. Mas é possível? Se fosse tão simples, por que grandes capitais mundiais não fariam o mesmo? Algo deu errado.

Não ataco o prefeito, com quem simpatizo como pessoa, nem as suas alianças. Cada um com as suas estratégias e possibilidades. Questiono, reflito, tento entender. Por que Melo embarcou no tratamento precoce defendido pelos bolsonaristas quando já parecia tarde para salvá-lo? Era melhor oferecer algo do que nada para amparar a população nas suas lutas do cotidiano e atender à pressão dos empresários sufocados com as perdas? Foi uma maneira de corresponder ao apoio do bolsonarismo? Se funcionasse, o mundo cairia de joelhos diante de Porto Alegre.

O vitalismo, instinto de vida, já leva as pessoas a se arriscar. Se as autoridades sinalizam que talvez o pior já tenha passado ou que seja possível tocar a vida sem maiores limitações, tudo se complica, o que se estampa em praias cheias. O kit-covid pode ser visto como uma ilusão disseminada com a intenção de diminuir o medo. Ninguém no mundo fez lockdown por gosto ou excesso de temor. Faz por falta de alternativa.

Só a vacinação em massa poderá nos tirar do aperto. Tomara que a aposta na via porto-alegrense não passe de um fracasso que já deu o que tinha de dar. Ainda falta a conta do carnaval.

*23/02*

# Luzes (poucas) do Noites

Noites ganha a vida de dia como jornalista. Depois, faz frases para agendas e calendários por preços módicos ou permutas. Ao longo de sua vida, fez frases que não publicou:

– O iluminista mal iluminado: "Quando um jornalista diz, no veículo onde trabalha, que tem lado e nunca abre mão dele, só pode ser um: o do veículo".

– O iluminista obscuro: "Liberdade de expressão é a autorização provisória e revogável a qualquer momento que o veículo dá a um jornalista da sua confiança, ou com retorno de público, para ele dizer o que pensa, mas que este, bem pensado, não deveria usar sem moderação, sob pena de ser desautorizado".

– O iluminista na escuridão: "Isenção ou imparcialidade é quando a opinião do jornalista coincide com a de quem o aplaude".

– O iluminista de farol baixo em tempos de pouca reflexão e muita luz alta: "Direita e esquerda não querem jornalistas independentes, mas totalmente dependentes das suas posições e aplausos".

– O iluminista lusco-fusco: "Jornalismo é o entretenimento que a televisão passa antes da novela ou do jogo de futebol".

– Jornalismo, como disse outro ligeiramente mais famoso, é publicar o que alguém gostaria de esconder. O resto é esconder o que alguém gostaria de publicar.

– Pluralismo jornalístico na pós-verdade: várias pessoas dizendo o mesmo.

– Imaginário jornalístico: colar no outro um rótulo que se transforme em realidade pela força da ficção e da maldade simpática ou risonha. No jargão, corneta.

– Fake news aceitável em grandes jornais: anúncio pago de tratamento precoce.

*

Noites perde amigos, que são raros e brilhantes, mas comete frases políticas e temerárias:

– Fraude na eleição de Porto Alegre: "Elegeram Sebastião Melo. Quando abriram a urna, saiu Bibo Nunes. Pensaram em invadir o cinema Capitólio".

– Quando bloquearam o Facebook e o Twitter de Donald Trump, a humanidade respirou aliviada: a democracia estava salva. Só restavam ao presidente desvairado os códigos para acionar o arsenal nuclear. Ufa!

– Povo que não tem virtudes acaba por ser escravo. A frase vale para todos os escravos do mundo, menos os dos que encomendaram o hino.

– Economia de letras: trocar um s por um t: povo que não tem virtudes acaba por ter escravos.

– Historiador é um jornalista que cobre o passado. Quando descobre alguma coisa, mas não teve aula de redação, encobre o descoberto com uma linguagem que ninguém entende, a qual chama de linguagem técnica.

– Ciência política: a opinião de cada um nas regras da ABNT.

– Teoria: prática de submeter fatos a teses.

– Cloroquina: medicamento cujo efeito o coronavírus ignora.

– Escola sem partido: escola sem divisão de opiniões.

– Republiqueta do banana: os Estados Unidos de Donald Trump, de quem ninguém mais lembra.

– Bolsonarismo: ideologia dos que pregavam o fim das ideologias.

– "Não há mais esquerda e direita". Tese preferida da direita.

– Futuro: o túnel no fim da luz.

– Rachadinha: crime cuja inocência o acusado não se dá o trabalho de reivindicar; basta-lhe pedir a anulação das provas da sua culpabilidade.

– Humor: último recurso dos fracos em ditaduras.

*24/02*

# Aposta dobrada

Vivemos o pior momento da pandemia. Em Porto Alegre, o hospital Moinhos de Vento contratou uma câmara fria para cadáveres. Gabriel García Márquez detestava a banalização do título da sua obra-prima: "Crônica de uma morte anunciada". O que fazer? Temos a crônica de um agravamento previsível. A massa esbaldou-se nas festas de final de ano e nas praias com aval de quem deveria acionar o alarme. A conta do carnaval ainda está chegando. A capital gaúcha dobrou a aposta nas soluções sem respaldo científico em 2021: abertura quase total, kit-covid e salve-se quem puder. Os alertas pareciam atentados à liberdade de iniciativa, crimes de lesa-empreendimento, confissões comunistas ou tentativas de boicote à política oficial do regime negacionista.

As aglomerações foram toleradas. A economia foi colocada acima da vida. Quantas vezes será preciso dizer que ninguém adota medidas restritivas que prejudiquem a economia por prazer? Só a necessidade justifica um lockdown. E só se faz isso com o Estado amparando empresários e trabalhadores. O auxílio emergencial, contudo, foi suspenso. O tal tratamento precoce, novamente, no caso da cloroquina, deslegitimado pela Organização Mundial da Saúde, nunca escondeu a esperteza por trás dele: dar à população uma sensação de segurança para expô-la ao risco. Porto Alegre aceitou ser o grande laboratório da ideia de que se poderia abrir sem aceleração das contaminações. Se desse certo o mundo cairia de joelhos diante de nós. Deu no que deu.

Defender o bom senso e a ciência tornou-se perigoso. Pode-se ouvir insultos, sofrer ameaças, ser estigmatizado. Toda autoridade que desacredita o uso de máscara contra a Covid compromete a vida alheia. Nos Estados Unidos, o novo presidente, Joe Biden, ajudou a costurar uma aliança inimaginável entre duas concorrentes gigantes para produzir vacinas e promete imunizar todos os adultos do país até o final de maio. Não há mais bravatas, salvo de algum governador de extrema direita. Aqui, perdemos tempo precioso desprezando vacinas, pregando contra máscaras, dobrando apostas em medicamentos sem eficácia comprovada, desafiando o perigo, brincando com a vida de todos nós.

O que levou a tantos erros: cálculos políticos egoístas? Extremismo ideológico? Obscurantismo? Ignorância? Oportunismo? Incapacidade de perceber a gravidade da situação? Desprezo pela vida, como se cada pessoa fosse um frango, um exemplar da espécie substituível por outros, que gente no mundo não falta? A alemã Elisabeth Noelle-Neumann criou o conceito de "espiral do silêncio". As pessoas, mesmo quando possam ter razão, tendem a silenciar, para não ser isoladas, quando se sentem amedrontadas por opiniões e forças avassaladoras. A opinião dominante coage e sufoca tudo o que diverge. Se o tratamento precoce é tão eficaz a tão baixo preço por que boa parte da comunidade científica do mundo continua a recusá-lo? Nunca imaginei que um dia seria assustador dizer "Manaus é aqui". Tudo isso é obra do acaso, fatalidade, ou dá para falar em responsáveis pelo agravamento?

*03/03*

# Navalha de Ockham

Essa bonita expressão, também conhecida como princípio da economia explicativa, sustenta que se deve ficar com o mais simples, num conjunto de possibilidades, para explicar alguma coisa. Guilherme de Ockham foi um filósofo franciscano inglês que viveu entre 1285 e 1347. Corte-se o excesso, o demasiado complicado, o pretensamente sofisticado, o que amontoa variáveis demais. Fique-se com o essencial. Por que Sérgio Moro e os procuradores da Lava Jato acabaram cometendo erros no justo combate à corrupção que empreenderam? Porque a navalha de Ockham deve ser combinada com a teoria do "cavalo que passa encilhado". Eles queriam aparecer, ficar famosos, brilhar, ter poder. O cavalo passou encilhado e eles montaram. Esse é o ponto principal.

A ideologia vem em segundo lugar. Claro que eles também quiseram "salvar" o país e combater a ideologia de esquerda que consideravam inadequada. Mas esse aspecto vem depois do primeiro. Por que era tão importante para eles "atingir Lula na cabeça?" Porque a fama e o poder só viriam com a captura de uma presa de grande porte. Lula era o maior troféu que o caçador poderia obter. Não se fica famoso prendendo um Queiroz. Além disso, abater Lula, não FHC ou um Aécio Neves, correspondia aos anseios ideológicos dos caçadores. Um juiz quase desconhecido e procuradores provincianos viram o cavalo passar encilhado e não hesitaram a sair atrás dos escalpos cobiçados A caçada levou-os a usar métodos pouco ortodoxos para derrubar a presa. Temiam que pelos meios convencionais ela lhes escapasse. Moro provou que essa hipótese é correta ao aceitar o cargo de ministro no governo de Jair Bolsonaro. Durante a campanha eleitoral, temendo que o bilhete premiado não saísse, soltou a delação de Palocci. Tiro na cabeça.

Os consequencialistas, para quem o resultado é o que conta, aplaudiram. Afinal, o combate à impunidade seria o mais importante. Outro caso: por que médicos ainda receitam cloroquina e ivermectina para combater os efeitos da Covid-19 se não há consenso quanto à eficácia desses medicamentos úteis contra outros males? Porque nada têm para oferecer além disso. O paciente quer tomar algo que lhe dê a ilusão, ao menos, de estar sendo curado. A própria medicina, por tradição, não se sente bem sem prescrever. Nada ter para oferecer significa impotência. Então se receita o que está à mão. Quem sabe... E os efeitos colaterais? Alguns entendem que eles podem ser monitorados. Outros acham que no meio do desespero esse pode ser um dado de menor importância ou de menor incidência. Ou seja, não tendo outro jeito, no meio do tiroteio, é o que se tem para o momento.

Pode parecer simplório. A vontade de aparecer – brilhar, ficar famoso, ser reconhecido, ter poder – move a humanidade. O mesmo vale para a sensação de impotência. Entre ter algo para dar e nada, se a dúvida tiver uma mínima chance de ser estimulada, fica-se com a primeira opção. Há uma expressão consagrada para isso: vender ilusão. No caso, uma ilusão barata e requerida pelo paciente desesperado. Dizer a verdade requer coragem e talvez até certa crueldade. O problema é quando isso vira programa político para encobrir erros.

O discurso de Lula, depois da decisão do ministro Edson Fachin, que o tornou novamente elegível, corta na carne do Brasil: governar é a arte de usar a inteligência para resolver problemas. Não para criá-los.

*11/03*

# Madame Claude

Uma maneira quase certa de atrair algumas pessoas para ver um filme é anunciá-lo assim: "Na Paris dos anos 1960..." Claro que se pode trocar o nome da cidade e provocar o mesmo efeito em outras pessoas ou nas mesmas: "No Rio de Janeiro dos anos 1960..." Eu não resisto a esse tipo de chamada. Vou a Tóquio, Londres, Berlim, Nova York. Nem sempre a viagem vale a pena. Mordi a isca e vi "Os segredos de Madame Claude", a dona do bordel mais chique da Paris dos anos 1960 e 1970, cujas garotas teriam trabalhado para gente como John Kennedy e Georges Pompidou, com direito a "I love you" do charmoso americano.

A Paris que aparece no filme é a dos chamados "bas-fonds", expressão francesa que se usa meio em sussurro ou com um sorriso no canto dos lábios. Serve para os subterrâneos da vida e do sexo. Madame Claude não se achava bonita o suficiente para ganhar a clientela milionária que atendia. Dedicou-se, então, à gestão dos negócios. Atingiu todas as metas. Ficou rica, poderosa e influente. O que se vê no filme? Política, espionagem, delação, violência e sexo misturados. Claude tem a proteção da polícia. Em contrapartida, fornece informações de valor policial ou político colhidas por suas destemidas meninas. Boa parte do material de primeira mão é checado, comprovado e usado para os mais diversos fins. O cartão-postal não aparece. A torre Eiffel se mostra em pano de fundo. Paris é uma festa muito perigosa.

Os ricos também se acanalham. Ou mais do que a maioria sem meios. É outro termo muito usado na chamada cultura de "bas-fond". A mansão de madame Claude ficava no 16º "arrondissement", o mais caro e prestigiado de Paris, lugar habitado, em boa parte, por quem tem muita bala na agulha. Por exemplo, ex-ditadores de países exóticos. Toda vez que falo na França alguém comenta: "Lá vem ele com esses franceses chatos". Atribui-se a Balzac, que conhecia o submundo da sua época, inclusive o dos jornais, uma tirada interessante: "Todo homem em fim de carreira, sem mais ambição de poder, glória e dinheiro, torna-se corneteiro". É uma palavra usada em certos meios para indicar a crítica pela crítica, só para implicar, uma maledicência suave.

Existe um conceito chamado em sociologia de "imprinting". Numa tradução rasteira, efeito de estampagem. Conta-se que um morador de Cacimbinhas foi a Hannover em 1872. Ao voltar, nunca falou no assunto. Era um esquisitão silencioso. Toda vez que ele chegava num lugar, porém, diziam: "Olha aí o alemão". Não era por maldade. Madame Claude ficou estampada como poderosa e inatingível. Ela tinha o seu ponto fraco: o amor. Decidiu eliminar os homens da sua vida. Não gostei muito do filme. O roteiro me pareceu fraco. Como documentário, no entanto, tem valor. Apresenta o outro lado do cenário. Sempre penso no outro lado do cenário quando vou a certas praias brasileiras: de um lado, o paraíso; do outro, a pobreza enfrentada com hospitalidade e fatalismo. Aprende-se com tudo nesta vida. Paris vive da estampagem da sua beleza. Vez ou outra, um filme revela o seu lado obscuro e triste.

*04/04*

# Biden, o cara

O liberal Joe Biden, presidente dos Estados Unidos da América, não para de fazer falar dele. No site The Conversation, Jean-Éric Branaa, especialista em sociedade americana da Universidade Paris II, foi ditirâmbico: "O mundo esperava algo frouxo e morno. A surpresa foi total: distante do perfil traçado por Donald Trump – e que foi adotado um pouco rápido demais –, Joe Biden faz mentir a propaganda de seu ex-adversário e não se mostra realmente 'adormecido'. Ao contrário. É um verdadeiro furacão (...) A revolução é de veludo. Fiel ao que sempre foi, Joe Biden fala com uma voz calma e gentil. Esta foi uma das suas promessas: acabar com o lado 'barulhento' do seu antecessor".

O balanço é altamente positivo também para Robert Reich, em artigo para o jornal britânico The Guardian: "Em quase todas as medidas os primeiros 100 dias de Joe Biden foram extremamente bem-sucedidos. Fazer com que milhões de americanos sejam vacinados contra a Covid-19 e começar a reanimar a economia são fundamentais para esse sucesso". Por que está dando tão certo? A resposta é cristalina: "Biden escolheu uma série de iniciativas populares, como pré-escola (...) que são mais difíceis de difamar". Os republicanos estão babando de raiva. A reação não tem conseguido frear o entusiasmo de boa parte da população americana. O presidente americano tranquilo navega em céu de brigadeiro mesmo em meio ao horror da pandemia.

Reich vai mais longe: "Além disso, é difícil para os republicanos pintar Biden como um radical. Ele não se mostra assustador. É velho, avô. Fala pausadamente. É humilde. Quando trata das necessidades do trabalhador médio, fica claro que ele os conhece". Depois de um predador, tudo tende a ser visto com boa vontade: "Biden também foi ajudado pelo contraste com seu antecessor imediato – a personalidade mais divisiva e autoritária a ocupar o Salão Oval na memória moderna. Se Biden tivesse sido eleito diretamente depois de Obama, independentemente da pandemia e da crise econômica, é improvável que ele e seus planos ambiciosos parecessem tão benignos". Pois é.

A proposta mais ousada de Joe Biden é a da quebra das patentes das vacinas contra a Covid-19. Os republicanos reagem com um argumento clássico do liberalismo extremado: isso desestimularia pesquisas futuras. Não lhes parece que salvar a humanidade seja um estímulo suficiente para cientistas e farmacêuticas. Nesse imaginário, só o lucro compensa. Até The Economist, que não pode ser acusado de esquerdista, reconhece o sucesso de Biden: "Durante seus primeiros três meses e meio como comandante-em-chefe, Biden assinou um número recorde de ordens executivas para reverter as políticas de Donald Trump e revelou um ambicioso conjunto de políticas para enfrentar a pandemia, melhorar a infraestrutura e impulsionar a economia. Até agora, o público gosta do que vê. A maioria dos democratas e independentes aprova o trabalho que o presidente está fazendo; e embora a maioria dos republicanos o desaprove, ele é mais popular com o partido oposto do que seu antecessor imediato". De ranger dentes.

Um liberal americano é um francês sem a baguete e o queijo.

*10/05*

# Estratégia viral

É sem glória que digo: nunca me enganei quanto à estratégia que foi adotada (falei disso): usar a cloroquina como uma espécie de placebo (o cara toma e pensa que está protegido), mandar todo mundo para a rua com essa ilusão de blindagem contra o invasor, esperar a contaminação da maioria em tempo recorde e alcançar o fim da pandemia pela tal "imunidade de rebanho". O todo funcionaria como um grande laboratório. Não rolou. Ou o vírus não foi suficientemente rápido ou as pessoas, apesar da baixa adesão às políticas de distanciamento social, não se expuseram tanto quanto a estratégia exigia. Tivemos muita gente contaminada até agora, mas um número muito longe do supostamente necessário para deixar o vírus sem algum hospedeiro.

A estratégia era cinicamente pragmática. Morreriam muitos. Quantos? As projeções podem ser assustadoras: milhões. O fim da pandemia, contudo, na ótica de quem concebeu esse roteiro atroz, justificaria a escolha, que teria como epitáfio: todos têm de morrer algum dia. Algo deu errado. Faltou combinar com o vírus para ele ser mais ágil. Ou convencer toda a população a não usar máscaras nem lavar as mãos o tempo todo. Talvez daí venha a rejeição às máscaras. Elas e o álcool-gel podem ter impedido o plano de dar certo. Essa perspectiva amparava-se em experiências anteriores. Na gripe espanhola, estima-se que morreram, no mínimo, 50 milhões de pessoas. A mensagem era clara: todos se expõem, sobrevivem os mais fortes ou os que tiverem sorte.

A vacinação a conta-gotas, com imunizantes capazes de proteger por pouco tempo (não se sabe ainda quanto), é mais uma estratégia bizarra. A saída racional seria quebrar patentes, transferir tecnologia e fazer o mundo inteiro estar apto a se vacinar ao mesmo tempo. Mesmo que a proteção durasse quatro meses, nesse intervalo o vírus ficaria sem ter para onde correr. A lógica da mercadoria não permite. Parece que os fabricantes não acham suficientemente estimulante apenas salvar a humanidade. A única coisa que os faria ter pressa em suas descobertas seria a isenta perspectiva do lucro.

A estratégia da "imunidade de rebanho" falhou. As pessoas de hoje têm essa mania: querem viver. Entendem que é possível adotar medidas de proteção para vencer a grande ameaça diminuindo ao máximo o número de vidas humanas perdidas. Não são, para usar uma expressão antiga, kamikazes. Claro que para que alguns se protejam outros precisam se expor. A justificativa é que com menos circulação de pessoas todos podem ganhar. Uns atuam na linha de frente ao risco da própria vida. Outros se recolhem para diminuir o fluxo no front de batalha. É uma relação de vasos comunicantes. A estratégia fatal preferia, por suposta e ardilosa isonomia, que todos se expusessem ao mesmo tempo para não dividir a sociedade em protegidos e sacrificados.

Mais um artifício para induzir todos à exposição máxima necessária à aposta na imunidade de rebanho. A tropa não comprou a ideia. Não a ponto de surtir efeito. O problema de uma estratégia radical é que ela exige tomadas de decisão que sempre deixam rastros.

*24/05*

# O traste

Cientistas tentam definir o traste. Ele possui características ambivalentes. É acelular como um vírus e de alimentação heterotrófica como um protozoário. Dá coices. Defeca pela boca sempre que incomodado. Não é capaz de empatia. Só pensa no próprio umbigo e nos interesses da sua matilha. Já mostrou várias vezes que não é humano, podendo ser desumano, inumano e pré-humano. Há quem o veja como pós-humano, mas isso exigiria que tivesse chegado a essa condição sem ter passado pela humanidade, o que parece tecnicamente improvável. Em situações graves, comporta-se com leviandade. Em momentos de leveza, diz coisas pesadas e preconceituosas.

Não desenvolveu o menor respeito pelo próximo. Mente sempre que seus interesses exigem. Nega as suas mentiras com novas mentiras. Vê o mundo dividido em duas categorias: uns mandam e os outros obedecem. Só uma falha no processo de seleção natural pode justificar a sua chegada ao topo da pirâmide do poder. Uma explicação popular compara-o a baratas depois de uma explosão nuclear. Outra hipótese sobre sua ascensão explora o ressentimento de uma camada social e a desinformação de outra. Sem contar o oportunismo cínico de uma parte dos parasitas de sempre. Não se sabe se o traste foi produzido em laboratório ou potencializado a partir da natureza. Certo é que sua ação deixa rastros e estragos. Qualquer semelhança com algum ente de outra esfera natural é coincidência.

Filósofos estudam a genealogia do traste. Alguns se dedicam à sua origem, ao ponto exato de partida, ao momento em que se deu o choque produtor de seu aparecimento, que seria parecido com a extinção dos dinossauros. Perguntam: de onde vem o traste? Como foi possível que o traste surgisse? Um estudo alentado tem por título "O traste ab ovo". Biólogos examinam a composição genética do traste. Um romancista lançou um volume de 900 páginas intitulado: "Traste: modo de utilização". Sociólogos investigam as relações de poder que permitiram ao traste sair da insignificância e da mediocridade para uma posição de comando. Antes de sua incrível mobilidade, a pergunta era: quem é o traste na cadeia alimentar? A resposta era simples: nada. Hoje é ele quem responde: tudo.

Analistas do futuro projetam a trajetória do traste. Quem será ele amanhã? A maioria não hesita: nada outra vez. Do nada ao nada. O principal é o seu legado. Uma palavra sobressai: destruição. O traste não deixa nada intacto. Por onde passa queima florestas, espalha medo, sufoca oponentes, asfixia a ciência, dissemina fake news, discrimina pessoas, promove retrocesso, persegue minorias, defende o obscurantismo. O traste é negacionista em saúde, terraplanista em política, reacionário em comportamento, extremista em tudo. Como se proteger do traste? O caminho mais seguro, conforme especialistas, é a informação. Tem um ciclo de quatro anos. Depois disso ele pode ser eliminado com um apertar de teclas. Não há tratamento precoce garantido nem vacina. A extirpação é cirúrgica.

*03/06*

# Ex-cunhada

Dizem os cínicos que as melhores fontes do jornalismo e da polícia são os traídos. Esposas, maridos, parentes, parceiros, comparsas. Por essa filosofia todo aquele que compartilha uma irregularidade fica na mão do companheiro. Em princípio, ambos têm as mesmas razões para guardar segredo. Um dia, porém, uma mágoa qualquer põe tudo a perder. Gravações da ex-cunhada de Jair Bolsonaro, Andrea Siqueira Valle, obtidas pela jornalista Juliana dal Piva, implicam o presidente da República, quando era deputado federal, nos casos de rachadinha, apropriação de parte dos salários dos seus assessores.

Numa fala, Andrea diz: "O André deu muito problema porque ele nunca devolveu o dinheiro certo que tinha que ser devolvido, entendeu? Tinha que devolver R$ 6.000, ele devolvia R$ 2.000, R$ 3.000. Foi um tempão assim até que o Jair pegou e falou: 'Chega. Pode tirar ele porque ele nunca me devolve o dinheiro certo'". O advogado da família Bolsonaro, Frederick Wassef, diz que é tudo mentira. Andrea afirma que de oito mil reais de salário ela ficava com mil. Os outros sete mil seriam devolvidos. Uma boa investigação dirá o que valem essas afirmações. Perguntas se adiantam: por que a ex-cunhada mentiria?

Andrea cita um coronel, Guilherme Santos Hudson, da reserva do exército, ex-colega de Bolsonaro na Academia Militar de Agulhas Negras, como encarregado, em certa época, de recolher e depositar a bufunfa. A senhora parece segura do que diz: "Não é pouca coisa que eu sei, não. É muita coisa que eu posso ferrar a vida do Flávio, posso ferrar a vida do Jair, posso ferrar a vida da Cristina. Entendeu? É por isso que eles têm medo aí e mandam eu ficar quietinha, não sei o que, tal. Entendeu? É esse negócio aí". No passado, esquemas ruíram quando familiares magoados deram com a língua nos dentes. Pedro Collor derrubou o irmão com uma entrevista à revista Veja. Niceia Pitta atolou o ex-marido, Celso Pitta, prefeito de São Paulo, ao borrifá-lo de denúncias. Era um arquivo íntimo depois de 30 anos de casamento.

O grande Alexandre Dumas, pai, que o filho não foi menor, basta ler seus livros e conhecer os dados sobre seu funeral, imortalizou a tirada, "cherchez la femme", procure a mulher, no livro "Os moicanos de Paris", de 1854. Era um tempo machista. Por trás de toda denúncia haveria uma mulher. Pode ser tranquilamente um homem. Não é questão de gênero, mas de acerto de contas por alguma razão. Getúlio Vargas gostava da expressão. O cronista segue o fio dos acontecimentos. Não julga. Comenta. Não decide. Registra. Vê a banda passar. Anota. Nos tempos atuais, procure o áudio. Há sempre um. Tudo vaza. Segundo Wassef, aquele que escondia na sua casa, no interior de São Paulo, o faz-tudo Queiroz, é tudo narrativa. Eis a palavra depois da morte dos fatos, da relativização da verdade e do triunfo dos pontos de vista.

E agora? O tempo dirá. Se outros áudios não complicarem a situação. O campo minado da compra de vacinas preocupa. A AstraZeneca foi a última a saber que venderia 400 milhões de doses ao Ministério da Saúde do Brasil por meio de uma atravessadora de quintal.

É corrupção que chama, não?

*05/07*

# Doença senil

O bolsonarismo é a doença senil da extrema direita e do anticomunismo anacrônico. Afeta principalmente militares, empresários, setores ressentidos das classes médias, falsos moralistas, que colocam a questão da corrupção, sempre a ser combatida, acima do problema da desigualdade por cegueira, oportunismo e estratégia de marketing eleitoral. A adesão ao bolsonarismo nunca é pragmática. Sempre é ideológica. Não há bolsonarismo assintomático. Exterioriza a ideia de que o mais forte deve se impor, galvaniza o ódio a minorias, explicita preconceitos de gênero e raça, defende privilégios e hierarquias insustentáveis. Manifesta-se como horror à diversidade, igualdade e pluralidade. Pode afetar os mais jovens, o senil precoce, por arrivismo ou infâmia.

Novo mal do século tropical.

*17/08*

# Sinais do golpe

Tanques queimando óleo na frente do palácio presidencial.
Um cantor popular decadente pedindo a invasão do STF.

A liberdade de expressão invocada como expressão da liberdade de atropelar a democracia e silenciar a oposição.

A irritação de alguns com os freios e contrapesos dos poderes.

A estupidez apresentada como sinônimo de simplicidade.

O medo de perder as eleições com a popularidade do suposto grande líder despencando, a economia derretendo, a inflação galopando e o mercado pragmaticamente caindo fora.

Toda tentativa de golpe começa com cara de bravata.

Nunca se deve subestimar a estupidez dos golpistas.

*20/08*

# STF sempre na mira

Em 1920, o STF caiu de 15 ministros para nove.

Em 1931, seis ministros foram aposentados na marra.

Nesse mesmo ano o número de ministros passou para onze.

Em 1938, reduziu-se a idade mínima da aposentadoria compulsória de 75 anos para 68 anos. Havia pressa em ficar livre de alguns e de abrir vagas para outros.

Em 1965, o número de ministros saltou de 11 para 16.

Em 1969, três ministros foram aposentados sem pedir. Outros dois, diante da intervenção, penduraram a toga. O número de ministros voltou então para onze. Já bastava.

Em 2015, aumentou-se a idade da aposentadoria compulsória dos ministros de 70 para 75 anos. Descobriu-se que antes de 1938 é que se apreciava melhor a terceira idade. Além disso, como a direita não ganhava eleições presidenciais, queria evitar que a esquerda no poder continuasse a colocar gente na Suprema Corte.

Conclusão: a direita e os ditadores têm problemas com ministros do STF. Ou querem mais ou querem menos. Ou querem que eles se aposentem mais cedo ou mais tarde. Se não podem aposentá-los, propõem que possam ser demitidos.

Por justa causa.

Quer dizer, quanto mais justa a causa abraçada por um ministro, mais o espírito autoritário quer se ver livre dos homens de toga.

*21/08*

# Mau humor

Noites é iluminista e fazedor de frases nas horas vagas. Como está desempregado e preocupado com a inflação, tem refletido muito. Anda meio obscurecido pelos fatos. Considera-se muito original e tem como lema rir para não chorar. Faz humor involuntário, que, afirma, é um ato tão natural quanto ir ao banheiro. Nos últimos dias, rabiscou algumas provocações, que não devem ser levadas a sério (ou não seria humor).

*

O Democratas, nascido de uma costela da Arena, partido da ditadura, tentava vender-se, não faz muito, como o novo centro. Agora, vai se fundir com o PSL, rotulado pela esquerda como de extrema direita e que parece querer ressuscitar o velho arenismo cívico-patriótico. Imoral da história: de noite todos os partidos são de centro.

*

O véio da Havan, cover do Zé Carioca, fez da CPI da Covid aquilo que alguns dos seus críticos dela diziam sem ser ouvidos: um circo.

*

A Prevent Senior era um plano de saúde.

*

Se as pesquisas eleitorais estiverem certas, a terceira via brasileira já tem um nome para chamar de seu: fracasso antecipado.

*

Abel Ferreira, treinador do Palmeiras, concorre ao título de Celso Roth europeu. Há até quem o chame de Celso Roth com grife. Se ganhar a Libertadores pela segunda vez consecutiva, será proibido chamá-lo de retranqueiro e de achar feio o futebol praticado pelo seu time. Deverão ser destacadas as suas contribuições para inovação tática no Brasil. Defensores do desempenho não praticarão resultadismo oportunista.

*

No Inter procura-se alguém com saudades do MAR. É para um estudo sobre experiências inovadoras em laboratórios de tamanho natural.

*

De um gremista irônico vendo Renato na final da Libertadores com o Flamengo: sem dúvida, o problema era realmente o treinador. O anti-Renato rebate:

– Também, com o time que ele tem na mão agora!

– Pois é...

*

Noites diz todo dia que é a favor da liberdade de rir dos outros e de si mesmo. Aconselha, portanto, que cada um pratique a segunda opção.

*

O Senado continua o mesmo: uma no cravo e outra na ferradura. Não se pode esperar muito de tantos cavalos cansados e cheios de baldas.

*

As opiniões dos personagens não correspondem necessariamente ao pensamento do criador, que não se responsabiliza por elas, salvo se for para receber algum elogio necessariamente indevido e injusto. O título deste texto é uma contribuição aos trocadilhos e críticas.

*01/10*

# Fogos de artifício

Como dizia um espírito levemente matemático e fortemente discursivo: o custo do negacionismo é a eterna afirmação da estupidez. Calculem só.

*

Paráfrase trasbordante: o mercado não canta os homens e suas armas, mas as mercadorias e suas paixões. Salvo quando as armas valem muito.

*

Andava no seu corcel de pau, que era alado ou calado de acordo com o sinal dos tempos, sempre em busca da utopia, um lugar não previsto em GPS. Foi quando apeou para tomar água da torneira. Caiu do cavalo. Não tinha.

*

Paulo Guedes, ministro da Economia, e Roberto Campos Neto, presidente do Banco Central, guardam seus tesouros em paraísos sem tributação enquanto a inflação come o dinheiro da plebe que não pode exportar o pouco que ganha. Deve ser isso que entendem por responsabilidade fiscal. Paraíso para poucos. Por coincidência, na proposta de reforma do imposto de renda, Paulo Guedes defendeu não taxar capitais que repousam em ilhas virgens e quentes.

*

Bancos vendem confiança aos clientes. Presidentes de seis bancos brasileiros não confiam no que oferecem aos seus investidores. Abrigam seus cabedais em paraísos fiscais segundo a investigação jornalística "Pandorga Papers". Executivos de bancos também se protegem dourando seus ativos em ilhas caribenhas e que tais. Eis alguns integrantes do seleto clube: Luiz Carlos Trabuco Cappi, presidente do Conselho de Administração do Bradesco; Denise Aguiar, presidente da Fundação Bradesco; Cassiano Ricardo Scarpelli, vice-presidente do banco; Eurico Ramos Fabri, diretor de Crédito do Bradesco; Samuel Monteiro dos Santos Junior, ex-vice-presidente da holding Bradesco Seguro e Previdência e membro do Conselho de Administração do banco; Antonio Bornia, ex-presidente do Bradesco na Argentina. Sergio Rial, diretor-executivo do Santander, também foge do que vende. Outros: Rubens Menin, dono do banco Inter, da MRV e da CNN Brasil; Marciano Testa, do Agibank; Márcio Antonio Linares, Original; Paulo Henrique Costa, BRB. Os CEOs preferem os céus do Caribe para seus suadíssimos ganhos. Do que fogem? Da inflação, dos impostos e dos poucos ganhos que suas marcas ofertam. Como se dizia antigamente, não é ilegal, mas engorda. Ah, sem estresse.

*

Para levar na esportiva (embora o esporte nem sempre tenha espírito esportivo): Facebook, Instagram e WhatsApp caíram. Quem será o quarto? Como pode alguém resistir ao WhatsApp: fala, grava e escreve de graça? Quando cai é para que falem, gravem e escrevam sobre ele. Por alguns instantes parecia só ter sobrado o Twitter, ferramenta de "velho" e de jornalista.

*05/10*

# Guedes, o morto-vivo

Paulo Guedes anda muito preocupado com o desemprego. O dele. Faz qualquer negócio para não ser chamado ao RH. O Posto Ipiranga teme uma troca de bandeira. Poderia ser demitido por justa causa: prometeu carregar o governo nas costas e virou peso morto. Queridinho do mercado, deu credibilidade econômica a um projeto que precisava mostrar um lado liberal para conquistar o PIB. Instalado no poder, derreteu por incompetência. Quase chora em público. Queixa-se de ser fritado pela ala política. Apresentado como um homem de imenso saber econômico, ultraliberal, entrou em cena como aquele que tudo sabia, nada cederia e tudo resolveria. O epitáfio desse personagem de ficção saiu da boca dele mesmo: "Odeio furar teto. Mas não estamos aqui para tirar dez em fiscal". Ajoelhou no milho.

Por que o mercado amava Guedes? Por ele encarnar uma única ideia: privatizar resolve. O que fez Guedes como economista? Publicou algum grande livro? Semeou artigos inovadores em periódicos altamente qualificados? Não. Contribuiu academicamente para o desenvolvimento da matéria? Não. Destacou-se entre os pares como um teórico importante? Não. Poderia ganhar um Nobel pelas suas ideias? Não. Poderia competir em relevância com um Thomas Piketty? Não. O que fez então Paulo Guedes? Ganhou dinheiro. Fez bem. É uma arte. Quem não quer? Acontece, porém, que Guedes surgiu como detentor de uma chave poderosa: o conhecimento que transforma. Defendeu, por exemplo, a aposentadoria por capitalização, modelo chileno, que vem fazendo água. Guedes é um fracasso ambulante.

Tornou-se uma caricatura. Faz rir. Comete lapsos, mostra-se irado, ameaça afundar seus navios, promete mundos e fundos, nada se realiza. Guedes é um entregador de pizza que esquece a moto em casa. O Brasil teve, para todos os gostos, economistas fazendo chover em seus ministérios: Eugênio Gudin, Roberto Campos, Celso Furtado, Mario Henrique Simonsen, Delfim Netto. Guedes não é dessa cepa. Qual foi o seu erro? Vender a ideia de que podia domar a política. Logo ele que não tem a menor habilidade política. Duro de cintura, amarrado pelos seus dogmas, não negocia, sucumbe. O governo tem razão, caso essa palavra lhe seja aplicável. Precisava mesmo garantir um auxílio mais robusto aos necessitados. O caminho poderia ser outro, sem furar teto, diminuindo as emendas parlamentares, algo assim. A única contribuição de Guedes para o processo foi enfim sair da frente.

Para que ele ainda serve?

Talvez seja um economista de estimação, mantido pelos serviços prestados quando tudo não passava de uma aposta. Ele sabe que seus quinze minutos de fama estão acabando. Não falta muito para que ele assine "ex-ministro da economia". Conquistar um cargo eletivo não aparece nos seus planos. Afinal, quem pode querer votar nele? No currículo de Guedes essa será sua maior obra: ter sido sem ter feito. O que ele tinha para oferecer já foi gasto: ser um "Chicago Boy" de cabelos embranquecidos. Terá algum valor no projeto de reeleição? O mercado já não crê mais nele. O presidente da República bem que podia promovê-lo logo a demitido. Assim o liberava para, quem sabe, escrever as suas memórias. Já seria algo.

*24/11*

# Sobre o autor

Nascido em Santana do Livramento (RS), em 1962, é poeta, jornalista, romancista, tradutor, doutor em Sociologia pela Sorbonne, *Doutor Honoris Causa* pela Universidade Paul Valéry, Montpellier 3, pesquisador do CNPq e professor do Programa de Pós-Graduação em Comunicação Social da Pontifícia Universidade Católica do Rio Grande do Sul - PPGCOM/PUCRS.

Já publicou mais de 45 livros, entre os quais, pela Sulina, *Acordei negro* (2019), *Ser feliz é tudo que se quer* (*ideias sobre o bem viver*) (2019), *1964 – golpe midiático-civil-militar*, 9ª ed. (2020), *As tecnologias do Imaginário*, 3ª ed. (2020), *Aura e imaginário*: *produção em revista* (2021), *Brizola, vozes da legalidade*: *política e imaginário na era do rádio*, 10ª ed. (2021), *O que pesquisar quer dizer*, 5ª ed. (2021), *Memória no esquecimento* (2021), *Quase* (*toda*) *poesia* (2022), *Machado de Assis, o cronista das classes ociosas. Jornalismo, artes, trabalho e escravidão* – Organização, seleção, introdução e comentários (2022).

Este livro foi confeccionado especialmente para a
Editora Meridional Ltda, em Minion Pro 11,5/14 pt e
impresso na gráfica Noschang.